第6次
改訂版

合格する昇任論文実践講座

小笠原広樹 編著

合格論文のつくり方解説
と
事例式出題を含む重要20テーマの
1 答案例
2 講評と論文作成ポイント
3 ブラッシュアップ論文
で書き方がわかる・コツがつかめる!

公職研

― 第6次改訂に当たって ―

　本書の目的は、まずは、地方自治体における昇任論文試験において、合格が得られる水準まで「論文力」を高めることである。文章をつくることが好きでない、文章を書くのは何とかなるが、論文となると何をどう書けばよいか分からないなど、論文試験を苦手とする人は多い。本書は、こうした場合でも昇任論文が合格に至るよう、ポイントを述べる。

　もう一つの目的は、日常の職務で必要な「文章作成技術」の向上である。仕事を進める中で、庁内・庁外向けに説明資料や広報資料などを作成することは多い。また、起案文書では、簡潔で要点をとらえた文章を作成しなければならない。行政を進めていくうえで、事業の考え方や内容を正しく、分かりやすく伝えることは極めて重要である。また、意思決定内容の明確化と市民への説明責任の観点からも、後に残る文書を適切に作成することは、行政の基本である。行政において、職員は、文章の作成技術を向上させることが当然に求められている。

　本書の執筆に当たっては、多くの地方自治体の出題例や採点方法、答案例などを参考にして、できるだけ「具体的に」かつ「分かりやすく」記述するよう心掛けた。また、論文を作成するうえで必要な考え方や知識、技術をより多く提供するように努めた。

　第6次改訂は、全体を通して、前回改訂時からの時点変化による内容更新を図るとともに、第2部では一部論文のテーマ変更や全体書き換えを行った。読者の方々は、気軽に本書をひも解き、論文や文章作成の参考にしていただきたい。そして、昇任論文試験の突破と合わせて、日頃の業務の円滑な推進に役立てていただければと念願する。

●目次

巻末

《第1部》 合格論文のつくり方

I 合格論文の要件

「論文」とは、「意見を述べて事理を説明する文」「学術研究の成果を書き記した文」（「広辞苑」第7版）とある。ここで、「意見」が述べられなければならない点は重要である。

しかし、このような定義に従っただけでは、自治体の昇任試験において求められる論文、すなわち「合格論文」にはならない。試験論文は、論文の書き手を昇任させてよいか、試験区分の職層に昇任させた場合に十分な理解力と表現力をもって職務を全うしてくれるか、などをみるものと考えてよい。こうした点から、「合格論文」は、昇任を目指す職層の立場に立ち、与えられたテーマについて十分に理解したうえ、「適切な表現・形式」と「論理的な流れ」により、題意をとらえた「的確な課題と対応策」が盛り込まれたものでなければならない。

合格論文には、昇任させるにふさわしい「適切な表現・形式」「論理性」「的確な内容」の三つを備えることが求められる。

1 合格論文に必要な「適切な表現・形式」

論文は、まず大きな前提として、読んでいる者（採点者）にとって分かりやすく、読みやすいものでなければならない。

（1）表現力

合格論文は、適切な表現で述べられることが必要である。自分の問題

意識や解決策を正しく伝えるために、読みやすい文章と適切な表現により論述する。長くて複雑な文章では、伝えたい趣旨が伝わらない。また、正しい文法、語句、送りがなで書かれることは当然であり、言葉遣いは自治体職員として適切なものでなければならない。特に、「話し言葉」は論文には適当でないことを注意してほしい。また、誤字、脱字の目立つ論文も受け入れられない。文章は「である」調により、簡潔に表現する。

- ○　文章を平易で分かりやすく述べる
- ○　文法や言葉遣いなどに不適切がないように述べる
- ○　誤字、脱字に注意する

（2）形式

　合格論文は、論文にふさわしい形式で作成されていることが必要である。見出しをつけずに、いわゆる「書き流し」で述べられている論文は、内容が理解しにくい。できれば柱立てをして、分かりやすい論文としたい。また、適切な段落や字下げなどにより、論文を全体として整った形式としたい。

　内容を伝えやすくするためには、導入から結びまでの分量を適切にバランスさせることも重要である。導入や問題提起に分量の多くを割くと、肝心の解決策や提案が不十分になるので注意を要する。

- ○　全体の構成を柱立てにより分かりやすく示したうえ、見出し、段落・字下げなどを適切に設定する
- ○　導入、問題提起、解決策、結びなど、分量のバランスに留意する

2　合格論文に必要な「論理性」

　論文には、論理性が求められる。すなわち、論旨は初めから終わりまで一貫させる必要がある。論理展開に矛盾があったり、話があちこちに飛んで混乱するようでは、読んでいる者は論旨が理解できない。提起した課題と対応策は対応していることが必要である。自身が設定した問題点について対応策が書かれていないものは、論旨が一貫していないことになる。また、読む者が混乱しないように、文章は筋道を立てて順に述べていき、つながりをスムーズにする。

> ○　与えられたテーマについて、問題点から解決策に至る展開を適切に述べる
> ○　文章は、つながりに論理的な矛盾や混乱などがなく、スムーズに流れるように注意する

3　合格論文に必要な「的確な内容」

　合格論文で特に重要なことは、昇任を目指す自治体の職員として、目指す職層の立場に立ち、与えられた設問に対して適切な課題（解決策を述べるべき論点）を提起し、それに対して効果的な対応策を提示することである。課題への対応策の提示に当たっては、問題解決への論者の積極的な姿勢を示すことが大切である。

（1）課題設定力（問題意識）

　与えられた設問に対して、社会経済の状況や、市政全体あるいは係、課、部などの市組織の状況を視野に入れた幅広い問題意識のもとに、適

切に課題を設定する。この問題意識は他人事でなく、自分の立場や仕事に根ざした具体的なものであることが重要である。この場合の自身の立場は、現在の職層でなく、試験を通して目指す一つ上の職層（昇任を目指す主任、係長、課長など）である。

○ 題意に即して、必要な課題を的確に設定する

○ 課題設定は、どこにでもあるような通りいっぺんのものでなく、自身の立場を踏まえた現実的なものとする

○ 昇任により目指す職層の立場から考察し、述べる

（2）問題解決力

問題解決力としては、与えられた設問に対し、自身の役割（一つ上の職層）に基づき、効果的で実現性の高い解決策を具体的に提案することが求められる。また、ここでは、実現に向けた高い意欲を表明することが大切である。解決策は、重要と考える事項についての方向を示したうえで、解決のための具体的な方法や道筋などを分かりやすく述べる。解決策は、社会常識や自治体職員として備えるべき見識に照らして妥当な内容であることが当然求められる。

○ 設定した課題に対応させ、その解決策を分かりやすく述べる

○ 解決策は、一般的・抽象的なものでなく、市政や職場の実情を踏まえたものであり、具体的で、前向き・積極的かつ実現性のあるものとする

○ 解決のために組織の中で果たすべき自らの役割について述べる

○ 解決策を述べるに当たっては、その方法などを具体的に述べる中で、意欲をもって取り組む姿勢を示す

Ⅱ　合格論文作成の重要ポイント

　昇任試験論文作成に当たって留意すべきは、それを読んだ採点者が、
「この論文作成者なら、係長（主任、課長）に昇任させても大丈夫だ」
と思えるような論文にする、ということである。

　論文は、主任職、係長職、課長職を任せるにふさわしい内容になって
いなければならず、そのためには、次の3点が重要である。

1　まずは、表現力が合格水準であること

　いくらよい内容が書いてあっても、乱雑で読みにくい文字で書かれて
いたり、見識を疑うような用語や言いまわし、誤字や脱字が多くみられ
たりすれば、合格論文にはならない。また、論文の形式が稚拙で、柱立
てもされずに、段落や字下げもないような体裁では困る。分量の面では、
字数制限を大きく下回るようなものは、内容も伴わず、合格できない。
制限を上回る論文も要注意である。また、論理力の面では、前後の文章
がつながらないところが多かったり、同一の事柄について別の文章で矛
盾することを言っていたりするなどは、合格のレベルに達していないと
言うべきである。

　表現力や論理力は、目指す職層の自治体職員の論文として、住民や上
司に提示して耐えられるレベルになっているか、という視点で考えると
よい。

2　正面から答える、自分の考えを具体的に述べる

　合格論文を目指す場合、「問題の意図に正面から答える」「論ずべき内容を自らの主体的で積極的な問題意識に基づき、具体的に述べる」の２点が極めて重要である。これらは、現実の組織の管理・監督者等に求められる要素であることを考えれば、論文で備えるべきは当然である。

　試験論文の多くは「論旨が一貫している」及び「文章が分かりやすい」の２点は概ねクリアしている場合が多いため、「論理力」「表現力」を満たすだけでは大きな差がつかず、平均的な成績にとどまる。すなわちそれは、積極的に落とされる論文ではないが、論文だけでは合格点が得られず、他の試験科目の結果次第になってしまうということである。

　昇任論文で差をつけて合格を勝ち取るためには、問題の意図に正面から答えること、及び、主体的で積極的な姿勢をもって自分の考えを具体的に述べることが極めて重要である。

3　職層にふさわしい自治体職員としての見識が備わっていること

　論文試験を課し、評価する重要な視点は、「受験者である論者は、主任、係長、課長として昇任させても適切に業務を推進していけるか」「論文は、昇任する職にふさわしい内容と表現を有しているか」である。したがって、論文においては、当該職層の公務員としてふさわしい表現により、自治体職員としての責任感に裏打ちされた適切な内容が述べられることが必要である。

　平素より、自らが目指す職層にふさわしい「見識」を養い、その見識に基づいて論文を作成することが重要である。

Ⅲ　論文の採点基準

　合格論文に必要な要件が満たされているかどうかをみるために、試験論文では通常、採点基準が設定されている。合格論文となるためには、この基準にかなった論文を書く必要がある。

　採点基準は、例えば、次のとおりである。

【F市（主任級）採点基準】

問題点の把握	（20点）
論理性・文章力	（30点）
解決策の具体性	（25点）
意欲・積極性	（25点）　（計100点）

【N市（係長級）採点基準】

理解力・問題意識	（20点）
企画立案・分析力	（30点）
主体性・積極性	（30点）
論理構成・文章表現	（20点）　（計100点）

【N市（主任級、課長補佐・主査、課長）採点基準】

理解力・問題意識	（40点）
主体性・積極性	（30点）
文章表現・論理構成	（30点）　（計100点）

【K市（主査、保育士、管理職）採点基準】

内容評価（意義、課題、役割、具体的方法、意欲）	（80点）
文章表現・論理構成	（20点）
	（計100点）

　団体において設定されている評価項目は、表現はさまざまであるが、「理解力・問題意識」「企画力・解決力」「主体性・積極性」「論理力・表現力」「受験階層としての役割」などが取り上げられている。

　本書においては、評価に当たって重要視される要素が分かりやすく示せるよう、評価項目を「理解力」「提案力」「主体性」「論理・表現力」の四つで整理した。

【本書の採点基準】

① **理解力**　　　　　　　　　　　　　　　　　　　　　（20点）

・出題趣旨を理解し、課題に正面から答えようとしているか

・問題の背景を理解し解決すべき問題点を的確に指摘しているか

② **提案力**　　　　　　　　　　　　　　　　　　　　　（30点）

・問題解決のために必要な解決策を的確に述べているか

・解決策は具体的かつ有効で、自治体にとって現実的か

③ **主体性**　　　　　　　　　　　　　　　　　　　　　（20点）

・自らの問題意識に基づく主体性・積極性が表れているか

・管理・監督者、主任としての役割の認識が表れているか

④ **論理・表現力**　　　　　　　　　　　　　　　　　　（30点）

・論理立てられた筋道で述べられ、文章は論理的につながっているか

・文章や用語は分かりやすく適切か

・段落・字下げ、文法、送りがなは適切で、誤字・脱字などがないか

　　　　　　　　　　　　　　　　　　　　　　　　　（計100点）

　全体を通して、「出題の趣旨を理解し、正面から受け止めて述べること」「自らの考えを持ち、的確な解決策などを述べること」が基本的に重要である。

（1）出題テーマ

　出題されそうなテーマを予想し、準備する。

　準備しておきたい予想問題は、いわゆる「政策もの」と「職場もの」の二つに分けられる。自分が所属する自治体や職場の問題をしっかりと理解し、課題と対策を整理して、適切に答えられるように準備する。

　以下、昇任試験論文で出題される可能性が高いテーマを示す。

①　自治体の課題　〜いわゆる「政策もの」〜

ア　社会の変化などに伴う自治体の課題
人口減少社会への対応、高齢社会、子ども・子育て環境の充実、防災対策（震災、豪雨・水害など）、環境問題（グリーン社会の実現）、デジタル社会への対応（ICTを活用した行政の展開）、地域の国際化、活力ある地域づくり、持続可能なまちづくり、都市の魅力向上、景観を活かしたまちづくり、観光都市づくり、都市基盤整備、生活しやすい交通体系、健康都市づくり、人権問題、誰もが活躍できる地域づくり
イ　自治体行政の課題
地方分権、地方行財政改革、住民参加による市政推進、住民との協働、住民サービスの向上、住民ニーズに応える行政、住民への説明

責任、開かれた市政の推進、個人情報保護、市民に行き届く情報提供、市民施設の管理・活用（公共施設マネジメント）、新しい公共・まちづくりの担い手、政策形成、危機管理体制、あなたが担当している職務の課題と解決策

② 職場の課題 ～いわゆる「職場もの」～

ア 業務改善・効率化、業務管理
組織目標の達成、業務の改善と効率化、あなたの職場の仕事の進め方の改善、新規事業への対応、住民対応の進め方、仕事の管理、職場のマネジメント（PDCAサイクルなど）、ワーク・ライフ・バランス、超過勤務の縮減
イ 職場づくり
職場の活性化、職場のチーム力向上、職員のモチベーション向上、情報の共有化、円滑なコミュニケーション、課係間の連携と協力、職員の意識改革（スピード意識、コスト意識、チャレンジ精神の育成など）、職員の能力向上（人材育成）、OJTの推進、新任職員の指導・育成、ノウハウ・技術の継承、メンタルヘルス、ハラスメントのない職場づくり
ウ 課長・係長・主任の役割
課長・係長のリーダーシップ、管理職・監督職の役割、係の中核である主任の役割

　以上のほかに、いわゆる事例式の問題がある。第2部のB―10からB―12で示したので参照してほしい。

（2）出題のされかた（出題文）

　出題文は、「…について述べなさい」とする単純なものもあるが、実際の昇任試験論文では次のようなものが多い。

　　○　「あなたの考えを具体的に述べなさい」

　　○　「係長（主任、課長）としてのあなたの考えを述べなさい」

　　○　「本市においてどのような対策を講じるべきか、あなたの考えを述べなさい」

　　○　「本市においてどのような対策が必要か、特に重要と考える取組について、あなたの考えを述べなさい」

　　○　「具体例を挙げてあなたの考えを述べなさい」

　　○　「あなたの体験を踏まえて述べなさい」

　　○　「本市における課題を挙げ、今後、本市において特に重要と考える取組を述べなさい」

　　○　「職場の実態を踏まえて述べなさい」

　　○　「現在の職務内容に関連して、あなたの考えを述べなさい」

　　○　「現在のあなたの職場に当てはめ、具体的な手法や目標を挙げて、あなたの考えを述べなさい」

　昇任試験論文では、一般的な論述が求められるだけでなく、実際の仕事の場面において、市政や職場の実情を踏まえ、自分は何をどのように考えるか、自分は何をやってきたか、今後何をやっていくかなど、具体的な考え方や取組について述べることが求められる。出題文をよく読み、論述すべきことは何か、十分に理解することが重要である。

（3）字数制限及び試験時間

　試験論文には、字数制限がある。行政を進めるに当たって、説明資料の作成、広報紙・雑誌への記事投稿など、どのようなものに文章を載せるにせよ、分量には一定の制約があるのが通例である。字数制限のもとで文章をまとめることは、自治体職員にとって、大変重要である。

　試験論文における字数制限は団体ごとに異なるが、概ね次のとおり。

主任級： 800字・1,200字・1,500字など

係長級： 800字・1,200字・1,500字・1,600字など

課長級： 1,200字・1,600字・2,000字など

　字数の上限指定は、「以内」と「程度」の二つの場合がある。

　「以内」は文字どおりそれを超えてはならず、超えた場合は、減点の対象になる場合がある。

　「程度」は、上限・下限に一定の幅がある場合である。許容される幅は団体により異なる。「程度」の場合、論文作成に際しては、示された字数を目指して論述し、多少のオーバーなら内容の充実を優先させることとしたい。

　字数制限から大きく離れる場合は、それ自体で減点対象になるほか、理解力、提案力、主体性、論理・表現力の評価にも影響を及ぼすと考えられる。例えば、字数が少なく提案の中身が薄くなった場合は、提案力に影響を及ぼすなどである。

　字数制限の実際は、各自治体であらかじめ確認しておく。論文の準備に当たっては、求められる論文の字数によってどの程度の内容が書けるか、把握しておくことが大切である。

　試験時間は、団体、職層により異なっているが、主任級、係長級では、概ね90分あるいは120分が多いようである。

○　団体における字数制限及び試験時間の実施例

主任級

● F市・N市	800字・60分
● I市・W市	800〜1,200字・90分
● O市	1,200字・120分
● 東京都A	150分

　提示された資料について

　①都政を取り巻く社会経済状況を踏まえた分析及び取り組むべき

　　課題の設定　　　　　　　　　　　　（300字以上500字程度）

　②出題内容により提示された視点を踏まえた課題解決策の論述

　　　　　　　　　　　　　　　　（1,200字以上1,500字程度）

● 東京都B	1,000以上1,500字程度・120分

係長級

● F市・H市	1,200字・90分
● K市	A4用紙1枚・90分
● K市	800字・60分
● M市	1,500字・120分
● S市	1,200〜1,600字・120分

課長補佐級

● O市	1,200字・120分
● S市	1,000字・120分
● T市	1,600字・120分

課長級

● H市	2,000字・120分
● I市	800〜1,200字・90分

- K市　　　　　　　　　　　　　　　　1,600字・120分
- O市　　　　　　　　　　　　　　　　1,600字・150分
- 東京都A　　　　　　　　　　　　　　　　　170分

　　提示された資料から、

　①問題点の抽出及び課題の整理　　　　　　　（400字程度）

　②課題の分析及び解決策の論述　　（1,300字以上 1,800字程度）

- 東京都B　　　　1,500字以上 2,000字程度・120分

2　合格論文作成のための日頃の準備

（1）予想問題でレジュメ作成

　事前準備では、最終的な論文の形に仕上げることは大切だが、すべてのテーマについて論文を作成する余裕はないのが通例である。そこで、実際の準備では、重要と思われるテーマについて、柱立てとそこに記述するポイントを記した「レジュメ」を作成しておく。この「レジュメ」は、上司や先輩、勉強仲間にみてもらって意見を聴き、充実させていく。「レジュメ」をいくつか用意することによって、本番でのレジュメ作成の感覚に慣れるとともに、重要なテーマの論点が整理できる。

　　○　どのような課題が出るか、予想問題を立てる

　　○　何を書くかあらかじめ検討して、レジュメにまとめる

　　○　レジュメは上司などにみてもらい、充実させていく

　具体的なレジュメのイメージを「震災対策」で示したので、ほかにも出題されそうなテーマについて準備をしてほしい。

論文作成に当たってのレジュメの例

テーマ：震災対策

1　急務となっている本市の震災対策（←はじめに）

- ○　東日本大震災後も熊本や能登半島などで大地震、本市地域では今後30年以内の発生確率も高水準で、大地震への懸念が増大
- ○　本市において地震災害への対策は急務

2　震災対策の問題点（←問題点・課題）

（第一）建物や道路・橋梁が脆弱（ハード）

- ○　本市には木造密集地が多く、大規模地震が発生すれば大きな被害
- ○　避難拠点や重要施設の被災は大打撃となる

（第二）災害発生時の対応が十分に確立していない（ソフト）

- ○　市民への情報伝達経路が必ずしも明確でない
- ○　市民・企業等と行政の協力体制が十分でない

（第三）特に配慮が必要な高齢者と外国人（高齢化と外国人急増）

- ○　高齢者にとって、情報伝達と避難支援が十分でない
- ○　本市において急増する外国人への支援が行きわたっていない

3　重点的に取り組むべき震災対策（←対策）

（第一）建物や道路・橋梁などを強化する

- ○　不燃化、耐震化をさらに積極的に推進
- ○　特に、住民の避難拠点や学校・病院、災害時に重要な道路、橋梁、上下水道施設など整備（民間建物への助成は重要地区等で重点化）

（第二）災害時の適切対応のための準備を徹底

- ○　情報伝達経路（ＳＮＳ、防災無線、ライブ映像などさまざまな経路）を整備し、あらかじめ市民に周知
- ○　市民・行政の役割明確化と準備強化（自助・共助の体制づくり、企業・商店街等との協定、総合訓練など）

（第三）高齢者と外国人への支援強化

- ○　高齢者への平素の情報提供と災害時支援体制の強化
- ○　災害情報、避難情報の多言語化、意識啓発
- ○　全ての人にとって災害に強い地域社会をつくる

4　本市の防災対策推進に向けて（←おわりに）

- ○　職員一人ひとりの災害への危機意識と積極的な取組が重要
- ○　私は、身の回りの職場から、自分が担当する職務から、防災対策に不断に積極的に取り組む

　レジュメ作成の留意点は、「柱立てを明確に記す」「柱ごとに記述する
ポイントを挙げる」「記述する内容はできれば記述順序まで考えておく」
などである。柱ごとのポイントは、対応策の場合、解決のための具体的
な方法や道筋などを記す。

　見出しは、作成当初は「はじめに」「問題点・課題」「対策」「おわり
に」などとしておいて、レジュメの中身ができた段階で、内容に即した
表現に変更する。

　見出しなどの表現は、問題文と一致させるとよい。例えば、問題文で
「課題と解決策を述べよ」とあれば「２　○○の解決すべき課題」「３
　○○のためにとるべき解決策」などとする。

　レジュメの例では、1,500字、1,600字程度で記述する内容を記した。
設定された字数により、記述を簡略化するなどで対応する。また、こ
こでのレジュメは４段構成によった。３段構成にする場合は、「２」と
「３」の第１、第２、第３をそれぞれ統合する。

（2）論文を書いてみる

　論文は、何本か書いて慣れておけば、試験のときに楽である。そこで、
作成したレジュメに基づいて、論文の形で書いてみる。作成した論文も、
上司などにみてもらって内容を充実させていく。

　　○　パソコン入力とは違うので、文字で書くことを経験することは
　　極めて大切
　　○　時間を計ってみて、試験の際の時間配分に役立てる
　　○　読みやすい文字を早く書けるように慣れる
　　○　論文は上司などにみてもらう

（3）よいと思う論文や文章を原稿用紙に写す！

　よいと思う論文や文章を書き写すことは、論文上達法として有効である。原稿用紙に写してみることにより、さまざまな効果に気づく。ただし、論文を覚えて試験の際に再現するために行うのではないので、留意したい。

○　「望ましい論文を書く」実感が分かる

○　自分の文章を見直すきっかけになる

○　書くためだけに必要な時間が分かる

○　原稿用紙に書く経験、漢字や言い回しの練習になる

○　ほかにも、やってみると思わぬ発見がある

（4）材料集め、勉強

　自治体を取り巻く環境変化や自治体の課題、職場の問題などについて、平素から注意し、材料を集めておくことが大切である。仕事を進めていくためには、自ずとこうした問題意識が必要である。したがって、材料集めは、普段の仕事を進める過程と同じである。精一杯、業務に取り組むことが、最も有効な試験対策と言える。

○　予想される出題テーマに関連して材料を集める

○　市長の所信表明をはじめ、自治体の政策の方針や計画・調査結果、政府の重要な計画・白書、主要統計、関係団体のレポートなどに関心を持ち、重要と思われるものは記事や現物の写しなどにより内容を確認し、出題テーマの分析や課題解決策のヒントを得る

○　職務への問題意識を強く持ち、課係の業務や自分の職場の実態をよくみる

○　自治体や職場の課題について、平素において、上司や同僚などと議論をする

○　勉強会を持つ

○　普段の心構えとして、新聞、書籍・雑誌、関係するウェブサイトや行政資料などに関心を持って目を通す

○　図書館などを活用する

○　日頃の勉強を通して、見識を養う

（5）自治体が求める職員像を理解する

　論文を作成する際は特に、設定する「問題点・課題」「解決策」などは、現在の職層より一つ上の「試験を通して昇任を目指す職層の立場」に立って述べる必要がある。

　各自治体は、それぞれの団体が求める職員像を「職員人材育成方針」などとして、職層ごとにまとめている。論文準備の段階では、あらためてその内容を確認したうえで、日々、職務を進める中で実践するとともに、論文ではそのような姿勢や日々の行動、考え方を表現できるようにしておく。

　本書においては、主任級、係長級、課長級のそれぞれの職層に求められる能力について、一般的と思われる内容を示した（101頁、150頁、105頁）。参考にして、論文作成に役立ててほしい。

V 合格論文作成の実際

1 基本的な論文の構成

　論文作成に際しては、まず、構成を決める。一般的に試験論文では、いわゆる「書き流し」でなく、次のような構成をとるのがよい。

（1）4段構成

　「はじめに」「解決すべき課題」「解決のための対策」「結び」の4段である。それぞれの項目では、次のような内容を記述する。

○　**はじめに**…出題テーマの市政や職場における重要性や自身が考える問題意識などについて述べる

○　**解決すべき課題**…解決すべき問題点や課題を具体的に整理して述べる。整理する項目は、通常は三つくらいが適当である

○　**解決のための対策**…整理した課題に対応させて、解決のための対策や自身の役割などについて、自らの考えを述べる

○　**結び**…そこまでで述べたことを実現・発展させていくための重要事項や自身の取組姿勢など、最後に言いたいことを述べる

　4段のそれぞれの分量は、全体を10とすると、次のような構成比をとるのがよいバランスである。

【４段構成のイメージ１】

はじめに	2
解決すべき課題	3
解決のための対策	4
結び	1

または、

【４段構成のイメージ２】

はじめに	1.5
解決すべき課題	2.5
解決のための対策	4.5
結び	1.5

（2）３段構成

「はじめに」「解決すべき課題と解決のための対策」「結び」の３段である。それぞれの項目では、次のような内容を記述する。

○　**はじめに**…出題テーマの市政や職場における重要性や自身が考える問題意識などについて述べる

○　**解決すべき課題と解決のための対策**…解決すべき問題点や課題を具体的に述べたうえ、続けて、その解決のための対策や自身の役割などについて自らの考えを述べる。課題と対策のセットは、通常は、三つくらいが適当である

○　**結び**…そこまでで述べたことを実現・発展させていくための重要事項や自身の取組姿勢など、最後に言いたいことを述べる

3段のそれぞれの分量は、全体を10とすると、次のような構成比を
とるのがよいバランスである。

　　　【3段構成のイメージ1】

　　　はじめに　　　　　　　　　　　　　　　2

　　　解決すべき課題と解決のための対策　　　7

　　　結び　　　　　　　　　　　　　　　　　1

または、

　　　【3段構成のイメージ2】

　　　はじめに　　　　　　　　　　　　　　　2

　　　解決すべき課題と解決のための対策　　　6

　　　結び　　　　　　　　　　　　　　　　　2

　4段構成、3段構成、いずれの場合でも、論文の中心となるのは「解
決すべき課題」と「解決のための対策」であるので、これらには7割程
度、最低でも半分以上の分量をとる。また、この二つでは、「対策」が
より重要であるので、「課題」よりも多くの分量をとる。

　4段構成か3段構成かについては、いずれも可である。基本は4段構
成である。ただし、字数の少ない論文では、よりスピーディに論旨を展
開しやすい3段構成がまとめやすい面もある。

2　論文作成の手順

　試験本番における論文作成の手順は、次のとおりである。

（1）時間管理のための「時間配分表」を作成する

与えられた試験時間の使い方を決めて、「時間配分表」を作成する。

例えば、「全体の時間」が120分、「自分にとって必要な字数を書くための時間」が90分、「推敲の時間」が10分とすると、「レジュメの作成」に20分を割くことができる。こうした時間配分を問題用紙等にメモして、試験時間中、適宜、参照するとよい。

さらに、試験開始時刻をもとに次のような「時間配分表」を作成し、ポイントとなる時刻をメモしておけば、時間管理のうえで分かりやすい。

時間配分表
（10時開始・試験時間120分の例）

手順	必要な時間	各手順の開始〜終了
試験開始	—	10：00
レジュメ作成	（20分）	10：00〜10：20
原稿用紙に書く	（90分）	10：20〜11：50
推敲	（10分）	11：50〜12：00
試験終了	—	12：00

（2）レイアウトのイメージとして「行数配分表」を作成する

4段構成か3段構成かの方針に基づき、実際の論文のレイアウトのイメージとして、行数配分の目安を「行数配分表」のような形でまとめる。

解答用紙が通常の原稿用紙（各行20字）の場合、例えば、1,200字は60行となり、これを柱ごとの構成比で割り振る。ここでは「表」としたが、自分で分かるような「メモ」で十分である。

字数が1,200字の場合は、例えば、次のとおりである。見出しに1行、リード文に2行を充てるとした。

字数が他の場合も同様に作成できる。

<table>
<tr><td colspan="4" align="center">行数配分表
（1,200字程度・3段構成）</td></tr>
<tr><td>1</td><td>はじめに</td><td>1行</td><td>9行</td></tr>
<tr><td></td><td>中身</td><td>8行</td><td></td></tr>
<tr><td>2</td><td>課題と対策</td><td>1行</td><td>42行</td></tr>
<tr><td></td><td>リード文</td><td>2行</td><td></td></tr>
<tr><td></td><td>第1</td><td>13行</td><td></td></tr>
<tr><td></td><td>第2</td><td>13行</td><td></td></tr>
<tr><td></td><td>第3</td><td>13行</td><td></td></tr>
<tr><td>3</td><td>結び</td><td>1行</td><td>9行</td></tr>
<tr><td></td><td>中身</td><td>8行</td><td></td></tr>
<tr><td colspan="3" align="center">（計）</td><td>60行</td></tr>
</table>

＊「2」に7割を配分し、残りを「1」と「3」に割りふるとした

<table>
<tr><td colspan="4" align="center">行数配分表
（1,200字程度・4段構成）</td></tr>
<tr><td>1</td><td>はじめに</td><td>1行</td><td>8行</td></tr>
<tr><td></td><td>中身</td><td>7行</td><td></td></tr>
<tr><td>2</td><td>課題</td><td>1行</td><td>18行</td></tr>
<tr><td></td><td>リード文</td><td>2行</td><td></td></tr>
<tr><td></td><td>第1</td><td>5行</td><td></td></tr>
<tr><td></td><td>第2</td><td>5行</td><td></td></tr>
<tr><td></td><td>第3</td><td>5行</td><td></td></tr>
<tr><td>3</td><td>対策</td><td>1行</td><td>27行</td></tr>
<tr><td></td><td>リード文</td><td>2行</td><td></td></tr>
<tr><td></td><td>第1</td><td>8行</td><td></td></tr>
<tr><td></td><td>第2</td><td>8行</td><td></td></tr>
<tr><td></td><td>第3</td><td>8行</td><td></td></tr>
<tr><td>4</td><td>結び</td><td>1行</td><td>7行</td></tr>
<tr><td></td><td>中身</td><td>6行</td><td></td></tr>
<tr><td colspan="3" align="center">（計）</td><td>60行</td></tr>
</table>

＊「2」に3割、「3」に5割弱を配分し、残りを「1」と「4」に割りふるとした

　試験が始まって答案用紙に書き込めるようになったら、該当する行にメモや印などをつけておけば、記述できる分量の目安が得られ、便利である。重要な柱には多くの行数を確保することが必要なので、作成した「行数配分表」は「あくまでも一つの目安」として活用する。このように全体の配分を考えておくことによって、他の柱の行数を必要に応じて抑えるなどの対応が分かりやすくなり、論文を全体としてバランスのとれた構成とすることができる。

答案用紙に記する行数配分の例
（1,200字程度・4段構成）

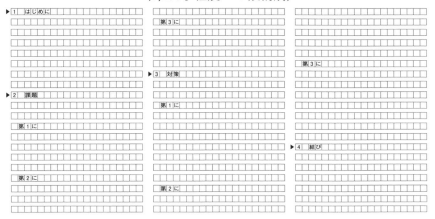

（3）問われているテーマをよく理解する

　問題文をよく読むことが大切である。一つは、問われているテーマを的確に把握する。二つは、問題文で問われていることは何か（「課題と取組」「問題点と取組」「○○の方向」など）を誤りなく確認する。

○　問題文をおろそかにしては適切な答えは出てこないので、よく読む
○　出題テーマを的確に理解する。その際は、出題テーマの背景も考えて、出題者が求めていることを理解する（次の【テーマの分析について】を参照）
○　出題者は何について書いてほしいのか、答えとして何を求めているのかについて、問題文で確認する

【テーマの分析について】

　論文は、出題されたテーマの趣旨を十分に理解し、問われている問題に正面から答えるものでなければならない。論述に当たっては、次のように出題テーマを分析する。

○　テーマの実情

　出題されたテーマは、実際の市政や職場ではどのようになっているか、問題があるのかうまくいっているのか、対応策は講じられているのか講じられていないのか、講じられているとすればどのようなものか、などである。論文は、これらを踏まえ、評価したうえで述べたい。

○　テーマの背景、位置づけ

　出題されたテーマにはどのような背景があるか（例えば、長年の懸案課題、市長の掲げるビジョンの一つなど）、市政ではどのように位置づけられているか（例えば、市の総合計画の重要な柱、重要課題として近年浮上など）、などである。これらによって、設定すべき課題と提案すべき対策は異なってくる。

○　問題の大きさなど

　出題されたテーマは、市政あるいは職場にとってどの程度の大きさであるか、長期的課題か緊急課題か、従来からの問題か新しい問題か、などである。これらによって提案の内容や強調の仕方などが異なってくる。

○　キーワード

　問題文に記載されたキーワードについて、的確に理解する。そのため、市政や組織運営上の重要な考え方については、あらかじめ十分に理解しておく。また、できればそれに自身の考え方を付加し、

論文に反映させる。例えば、「地域の活性化」なら、経済の活性化だけでなく、人と人とのつながりによる価値創出も活力に含めるとするなどである。

（4）材料を引き出してメモに落としていく

テーマについて、書くべき材料を自分の頭から引き出していく。材料が出てきたら（論文全体がみえてきたら）、次の「柱立て」の段階に移る。

○　テーマについて、論述すべき内容を頭の引き出しから取り出す

○　ブレーンストーミングにより、関連する材料を追加していく

○　思いついた課題や対応策をメモするが、特に重要と考える点はもらさないようにする

（5）論述する大きな流れ・柱立てを考える

メモを整理し、柱立てを考え、論文の流れをつくる。柱立てをすることにより、内容強化のために対策を加える際にも、どこの柱に入れるべきか、分かりやすくなる。

○　「はじめに」「課題」「対策」「結び」という４段構成とするか、「課題」と「対策」をまとめる３段構成にするか最終的に決める

○　メモに基づいて、「課題」と「対策」をそれぞれ三つ程度の柱にまとめる（三つくらいが分かりやすい）

○　柱だてには、「メモの整理という KJ 法的な方法」と「設定した体系を満たすものを探るという論理的な方法」の二つのアプローチから考えてみるのも役に立つ

柱立ての仕方（「震災対策」を例として）

材料の引き出し （ブレーンストーミング）	材料の整理 （ＫＪ法）	論文での整理
a 建物・道路の脆弱さ 　を克服 b SNSなどの活用によ 　る情報提供強化 c 企業等との災害時協 　定 d 高齢者と外国人への 　対策が必要	a は「ハード」 b と c は「ソフト」 d は主として「ソフト」 　だが近年特に気になる	第1 建物・道路の 　　 強化など（ハード） 第2 情報伝達体制の 　　 整備など（ソフト） 第3 高齢者と外国人 　　 への支援強化

論理・体系からの整理

「ハード」「ソフト」のほか、「特に市内で増加している高齢者と外国人の支援」を別に立てて3本柱としよう

（6）柱ごとに中味を整理し、充実させる

　「課題」及び「対策」の三つの柱のそれぞれについて、盛り込むべき中味をつくる。とくに「対策」では、方向性に加えて課題解決のための具体的な方法などを述べる。

　「対策」は、自治体が置かれている状況や職場の実態などを踏まえ、効果的で実現性のある内容としたい。出題された課題に対する問題意識に基づき、平素から考えている対策案なども盛り込んでいく。論文全体の中でも重要な部分なので、ここの記述には力を入れる。

　○　メモを活用して、柱ごとに書くべき内容を整理する。強調したい事項を取り出す。また、必要な事項はしっかり付け加え、充実させる。なお、あえて書かないほうがすっきりする事項は除くなど、述べたいことを分かりやすく示す
　○　「対策」は、自治体の状況や職場の実態を踏まえた効果的で実現性のあるものを示す

○　「対策」の中で書かれる内容が不足していると感じたら、「問題
　　となっている課題を解決するためには何をすべきか」とあらため
　　て考えてみるとよい

　柱ごとの中味の例については、**Ⅳ2（1）**の「論文作成に当たっての
レジュメの例」（22頁）を参照のこと。また、《第2部》の各論文を参考
にしてほしい。

（7）「はじめに」と「結び」の書き方

　「はじめに」と「結び」の内容を次のような視点から考える。

○　「はじめに」では出題テーマの重要性や自身の問題意識など、
　　「結び」ではそこまでで述べたことを実現・発展させていくため
　　の重要事項や自身の取組姿勢などを盛り込む

（8）記述の順序を考えてレジュメとしてまとめる（ストーリーづくり）

　記述の内容が同じでも、述べる順序によって、論文は異なったものに
なる。分かりやすいストーリーづくりに留意する。
　例えば「震災対策」について、「情報伝達経路の整備」「高齢者・外国
人支援」「建物・道路の強化」を盛り込む場合、これらを「ソフト」「特
に留意したいこと」「ハード」として位置づけ、順序を「ハード（建
物・道路の強化など）」「ソフト（情報伝達経路の整備など）」「特に、高
齢者と外国人への支援強化」と述べていけば流れが整理され、分かりや
すくなる。三つめの「高齢者と外国人への支援強化」については、「ソ
フト」の柱に入れることもできるが、ここでは独立させた。

○　論文のストーリーを大切にし、記述の順序を考える（上司や同僚に口頭で説明するつもりで）

○　「大きい方から小さい方」「基本的なものから別個のもの」「二つの側面プラスこれらを貫くもの」「二つの側面プラス特に留意したい事項」など、論理的アプローチから順序を考える

○　ここまでの作業によりできるものがレジュメである。論文は、あらかじめ記憶した論文の「コピー＆ペースト」でなく、自身で考えて作成する

○　「はじめに」「結び」を含め、最終的に全体のバランスや課題と対策の対応などをチェックする。不十分な点があれば手直しする

前出の「レジュメの例」（22頁）を参照のこと。

（9）原稿用紙に書く

レジュメができたら、原稿用紙に書き始める。レジュメを完全につくることより答案論文を書き上げることのほうが大切なので、時間配分を考えて、レジュメが途中でも、ある程度のところで書き始める。

○　「時間配分表」により、「全体の試験時間」のうち「必要な字数を書くための時間」、「推敲の時間」を考慮し、原稿用紙に書き始める（例えば、試験時間120分の場合、書くための時間90分、推敲の時間10分とすると、20分が経過した時点で書き始める）

○　「行数配分表」で作成したとおり、「はじめに」で何行、「第一の課題」で何行など、書くことのできる目安を念頭に論述していく

○　残りの時間から、適宜、ペース配分する

○　「尻切れトンボ」は絶対にダメ。最後まで書き終える

○　推敲の時間は必ず確保する

（10）原稿用紙の使い方、文章作成の注意

　原稿用紙に記述していくに当たっては、特に、次の点に注意する。

○　柱の見出しは、数字を１字目に記したあと、１字分のスペースを入れてから記する

○　本文は、新しい段落の書き出しでは１字分のスペースを入れる

○　段落は、内容のまとまりごとに設定する

○　言葉使いは分かりやすく、基本的には「である」調で書く

○　字数制限が「以下」の場合は、示された範囲内で書く。字数制限が「程度」の場合は、減点対象とならないよう、決められた字数を大幅に下回らない、上回らないように注意する

（11）推敲、仕上げ

　最後に、推敲して仕上げる。できれば、少なくとも10分程度はほしい。この作業により、論文全体は大幅によくなる。

○　ストーリーと述べたいことが伝わるように表現などを整える

○　削除と挿入、読みにくい文字の書き直しなどで論文を整える

○　「はじめに」「課題」などの柱の表現は、問題文との整合や「流れや内容が分かる」という視点から再度確認する

○　誤字や脱字をチェックする。不適切な表現などは言い換える

○　長い文は二つに切る。まわりくどい表現は簡潔な表現にする

《第2部》論文実践講座

第2部の使い方

　自治体職員として、適切に論述できるようにしたい20のテーマを挙げた。次のような観点から、実践的に学んでほしい。

○　重要と思われるテーマを取り上げたので、各テーマについての理解を深め、論文において記述すべきポイントをつかむ。

○　論文の流れや文章の書き方など、分かりやすく適切に表現するための技術を身につける。

○　主任昇任向けは800～1,200字程度、係長・主査及び課長昇任向けは1,200～1,600字程度と設定したので、答案論文での分量の感覚をつかんでほしい。

○　答案例とブラッシュアップ論文について、それぞれ末尾に字数を示したので、参考にしてほしい。字数は文字数からおよそで算出したので、原稿用紙の行数による字数とは一致しない。

　各テーマは、いずれも、「**答案例**」「**講評と論文作成ポイント**」「**ブラッシュアップ論文**」からなっている。

（1）答案例

　テーマごとに作成された答案論文の例である。読者は、よい、悪い、自分ならばこう書くなどの観点から、アンダーラインで示した箇所以外にも注意して読んでほしい。

（2）講評と論文作成ポイント

1 答案例の評価

「理解力」「提案力」「主体性」「論理・表現力」の四つの観点から答案
例についてコメントしたうえで、評価を入れた。評価は、★と☆により
5段階で示した。

```
★★★★★ … 非常に優れている

★★★★☆ … 優れている

★★★☆☆ … 平均的レベルである
          （「やや優れている」「やや劣っている」も含む）

★★☆☆☆ … 劣っている

★☆☆☆☆ … 非常に劣っている
```

さらに、論文全体の印象や強調したい事項などについて、「**その他、
特に気づいたこと**」で記した。

2 修文のポイント

答案例の具体的な箇所について、**修文のポイント**を記した。ポイント
を記した部分は、答案例において下線で示した。

3 論文作成の知識・技術

ここでは、合格論文を作成するうえで役立つよう、必要と考える知識
や論文技術を記した。具体的には、各テーマの論文ごとにコーナーを設
け、次のような事項を示した。ここの部分だけ切り離しても参考になる
と期待したいので、活用してほしい。

○　テーマへのアプローチ

【テーマを取り巻く状況把握】【与えられたテーマの明確化】【必要な論点の洗い出し】【重要論点の扱い方】

○　文章作成技術

【分かりやすい柱立ての工夫】【文章表現のポイント】

○　以上のほか、目指す職層として、主任、係長・主査、課長に求められる役割について整理した。これらは「知識」として理解するだけでなく、「論文作成に当たって具体的に盛り込むべき内容」として論文に反映させたい。各欄を参照されたい。

【主任に求められる能力】（101頁）

【係長に求められる能力】（150頁）

【課長に求められる能力】（105頁）

（3）ブラッシュアップ論文

「**講評と論文作成ポイント**」に基づき、「**答案例**」をブラッシュアップしたものである。下線で示したポイント以外の箇所についても、記載内容の変更、修文などをしている。内容や表現、形式など、論文作成の参考にしてほしい。

[20の重要テーマ]

A　自治体の課題

A－1　人口減少社会と持続可能なまちづくり

A－2　高齢社会

A－3　環境問題

A－4　防災対策

A－5　地域の活性化

A－6　来街者に魅力あるまちづくり

A－7　市民施設の管理・活用

A－8　市民との協働推進

B　職場の課題

B－1　業務改善

B－2　職場のチーム力（主任の役割）

B－3　職場のチーム力（課長の役割）

B－4　係長のリーダーシップ

B－5　適切な住民対応

B－6　職員のモチベーション向上

B－7　係間の連携・協力

B－8　若手職員の育成

B－9　ワーク・ライフ・バランスの職場づくり

B－10　新規事業への対応（事例式）

B－11　業務改善（事例式）

B－12　職場で起きた問題の解決（事例式）

A-1　人口減少社会と持続可能なまちづくり

【問】　少子高齢化を伴って進展する人口減少社会を見据え、本市において、活力ある持続可能なまちづくりをどのように進めていくべきか、あなたの考えを述べなさい。　　　（1,600字程度）

1　人口減少社会の到来に向けて

　わが国の合計特殊出生率は、2018年に1.42と依然として低く、本市における少子高齢化のペースは国を上回っている。人口減少社会において、多様化する市民のニーズに対応しつつ、活力ある持続可能なまちづくりを進めるためには、誰もが活躍できる社会の仕組みづくりと、低いコストで高い経済効果を生む産業の育成が急務である。

2　解決すべき課題

　本市において、活力ある持続可能なまちづくりを進めるためには、以下の三点が課題であると考える。

　一点目に、高齢者介護の体制を強化することである。介護需要の急増により、介護の現場は人手不足に陥り、介護職従事者の負担増加、介護の質の低下を招いている。また、介護・福祉施設の数も不足し、入居できない高齢者が発生している。今後も進展する高齢社会に対応し、社会全体の活力を維持するため、一層強力な介護体制を整備する必要がある。

　二点目に、誰もが自分の生活状況に合わせて働ける環境を整備することである。労働力不足に対応するためには、子育て世代や外国人等、新たな労働力となりうる人々の活躍が不可欠である。一方で、長時間労働の常態化により、介護や育児を抱える人々はフルタイム勤務が困難な現状がある。また、外国人の雇用環境は十分とは言えない。

　三点目に、インバウンド観光施策を推進することである。少コストで高い経済効果を生み出す産業の育成が求められる中、外国人観光客の受け入れは、都市の活力を維持する有効な方策であると考える。しかし、市内の魅力ある観光資源について、海外での知名度が不十分であるほか、言語の壁がいまだに外国人観光客の受け入れの障壁となっている。

3　課題解決に向けた取組

　以上の課題に対し、私は、以下の対策に取り組むことが重要であると

考える。

　第一に、<u>介護体制の強化</u>である。具体的には、介護資格の潜在的有資
格者に対し、介護に関する知識を再確認するとともに、最新の介護制度
についての研修を無償で実施する。また、<u>高齢者福祉施設の確保</u>のため、
都市型軽費老人ホームの整備を推進する。具体的には、<u>敷地を提供する</u>
<u>地権者に対して交付金を支出する</u>制度を整え、賃貸を仲介する不動産業
者を通して制度を周知する。<u>これにより</u>、介護人材を効率的に確保・育
成すると同時に、高齢者福祉施設を増やし、介護体制を整備する。

　第二に、多様な働き方の推進である。具体的には、長時間労働是正の
ための効果的な取組を行う<u>企業に対し奨励金を支出する</u>ほか、モデル企
業として認定し、積極的な取組を促す。また、企業に対しテレワーク環
境の導入費用を助成する。さらに、外国人労働者の雇用環境を改善する
ため、多言語による合同企業説明会を開催するほか、就職を希望する外
国人の相談窓口を県と連携して設置する。<u>これにより</u>、育児世代や外国
人等、多様な人々が活躍できる環境整備を推進し、労働力の確保を図る。

　第三に、外国人観光客へのＰＲおよび受け入れ体制の整備である。ま
ず、知名度の低い観光資源の海外へのＰＲのため、世界的に有名な観光
地と連携し、相互プロモーションを行う。また、<u>アクセス数の多いＳＮ</u>
<u>Ｓアカウントを持つ一般ユーザーと連携</u>し、市内の魅力を発信してもら
う。さらに、民間事業者等と連携し、商業施設や交通施設の<u>案内の多言</u>
<u>語化・ピクトグラムの併記</u>を進める。<u>これにより</u>、外国人に魅力的な観
光都市づくりを進めることで、持続的に発展可能な観光産業の育成を図
る。

4　持続可能なまちづくりのために

　少子高齢化のさらなる進展と人口減少社会の到来を見据え、誰もが活
躍できる社会の仕組みづくりや、低コストで高い効果を実現する施策の
推進が求められている。今後も本市が活力ある持続可能なまちであり続
けるために、民間企業者や国、県等との連携も視野に入れながら、コス
ト意識を持って積極的に職務に取り組んでいきたい。　　　　　（1,650字）

A-1 人口減少社会と持続可能なまちづくり

1 答案例の評価

理解力（題意を的確に受け止めて、適切に課題を設定しているか）
一つ目の「高齢者介護」は福祉施策の側面が強くなった。全体として人口減少社会というテーマをもう少し受け止めたい。（★★☆☆☆）
提案力（的確な自らの解決策を具体的に述べているか）
提案が個別列挙的になってしまった。また、提案は、テーマを受けてより中長期的な視点を入れたものとしたい。　　　　（★★☆☆☆）
主体性（自らの意識に基づいた積極的な姿勢が表れているか）
対策が一般的な内容であり、論者自身の問題意識を反映したメリハリが薄い。　　　　　　　　　　　　　　　　　　　　（★★★☆☆）
論理・表現力（論理的に、分かりやすく述べられているか）
全体構成や文章は、分かりやすく述べられている。　　（★★★★☆）
その他、特に気づいたこと
テーマが短期的な課題か中長期的な課題かなど、答えるべきテーマの性格をつかみ、それに沿って述べるよう、さらに注意したい。

2 修文のポイント

① 2018年に1.42　数字を挙げるなら最新のものを使う。

② 少子高齢化のペース　「人口減少」のペースについて述べたい。

③ 解決すべき課題、課題解決に向けた取組　このような言い方ではどの論文でも同じになってしまう。できれば、内容を表す表現としたい。

④ 以下の三点が課題、一点目に、二点目に、三点目に　いろいろな柱立てが考えられるので、**必要な論点の洗い出し**を参照してほしい。

⑤ と考える　無意識のうちに用いると多用される傾向があるので、注意を要する。必要ない場合は用いないようにするとすっきりする。

⑥ 高齢者介護の体制を強化する、介護体制の強化、高齢者福祉施設の確保　テーマからややずれて、福祉施策の提案になってしまった。

⑦　敷地を提供する地権者…、企業に対し奨励金…　市財政が厳しい中で、市が取り組む施策としてこのような対策が最適か。「低コストで高い経済効果を」とも述べているので、さらに考慮したい。

⑧　これにより　ここでは施策の効果でなく、提案をさらに述べたい。

⑨　アクセス数の…、案内の…　より中長期的対応を含めて、第三の課題に応えたい。

論文作成の知識・技術

【テーマを取り巻く状況把握】

　わが国の将来推計人口は、令和5（2024）年4月発表のものが最新である。これによると、総人口は2056年には1億人を割り、およそ50年後の2070年には8700万人になると推計されている。2023年12月には、地域別推計人口も発表された。自治体によって人口の動向は異なるので、基本計画などによって確認したい。

【必要な論点の洗い出し】

　「人口減少」「活力あるまちづくり」「持続可能なまちづくり」などに関し、各自治体の総合計画、人口ビジョンなどに目を通す。
　「人口減少社会におけるまちづくり」は、「安全・安心・快適でにぎわいのある、住む人と来る人が住み続けられるまちづくり」などと言うことができる。論点としては、「住み続けられる住まいの確保」「安全・安心の地域づくり」「転入人口の増加策」「コンパクトで効率的な土地利用」「中心市街地の再生」「活力ある地域経済の確立」「にぎわいのあるまちづくり」「就業機会の拡大・創出」「人のつながりによるあたたかい地域づくり」「都市施設の適切な管理・活用」「元気で活躍できる市民づくり」などが考えられる。柱は、「まち・ひと・しごと創生法」の名称を参考に「まち」「ひと」「しごと」をもととすることも考えられる。ブラッシュアップ論文は、「住み続けられる住まい」「活力ある地域経済」「元気で活躍できる市民づくり」の三つを柱とした。

A-1　人口減少社会と持続可能なまちづくり

1　人口減少社会を見据えて

　わが国の出生数は、2023年に過去最少の75万人と、国の推計より12年早いペースで少子化が進み、人口減少幅は過去最大級となるなど人口減少が進んでいる。本市人口も、頭打ちから顕著な減少に転じ、いよいよ人口減少社会が始まった。急速な少子高齢化を伴う人口減少は、社会保障をはじめ経済や地域の活力に負のインパクトをもたらす深刻な問題である。本市において、人口減少社会を正面から受け止め、将来にわたって持続できる活力あるまちづくりを進めていくことは、現下の極めて重要な課題である。

2　活力ある持続できるまちづくりの課題

　本市において人口減少に対応し、活力ある持続可能な都市をつくっていくためには、次の三つの課題に取り組んでいく必要がある。

　第一は、住み続けられる環境を整備することである。本市においても、人口減少の急速な進展は間近である。地域活力の面で人が住むことは基本条件であり、今のうちから有効な対策を講じなければならない。

　第二は、地域において活力をさらに増進させることである。経済の面で、これまでの対策の延長にとどまらない積極的な取組が必要である。

　第三は、市民一人ひとりが将来にわたって活力を維持していくための健康づくりである。社会の重要な目標は、地域において人々が健康で豊かに暮らし続けることである。

3　持続可能なまちづくりの方策

　以上の課題に対応するため、私は、次の対策を提案する。

　第一は、人が住み続けられるまちをつくることである。若い世代には、子どもを安心して産み育てることができるよう、身近な地域において保育所や子育て・生活支援施設などを充実させる。そのうえでそこを拠点に市民が協力し合えるような人と情報のネットワークを整備する。高齢者の住まいの確保のため、公的住宅や空き家などの活用を図るとともに、家族の近接居住や地域の見守り、福祉・医療の支援体制などを充実

させる。市民のライフステージに応じた多様な住まいを確保するとともに、市の魅力の発信強化などにより市内に移り住む人の増加を図る。近年、著しく増加している外国人住民が地域でともに暮らしていけるよう、多様な文化を理解し合う啓発事業など、条件整備を進める。

第二は、活力ある地域経済を確立していくことである。企業の立地や市内での起業促進のほか、本市固有の農産品や工芸品など、市内産品の質を一層高め、全国にアピールできるようなブランド化に取り組む。市は、市民と協力し、必要な支援を行いながら、これらの情報を積極的に発信していく。また、魅力ある新たな産品や販路の開拓のため、市と市民の推進組織をつくる。観光についても、市内の観光資源の魅力を高め、発信する。外国人旅行者に向けては、分かりやすい案内の整備や市民の言語力向上支援、ガイドボランティアの育成などに取り組む。

第三は、将来にわたって元気で活躍できる市民を増やしていくことである。市民の健康増進のため、健康管理の大切さや健康増進策についての普及啓発を進めるとともに、身近な運動やスポーツの場の提供、ウォーキングルート、サイクリングルートの整備など、市民が自らの健康に関心を持ち、健康増進に取り組めるよう、環境整備を図る。これらのほか、介護やサポート体制を強化し、高齢者の健康増進と就労・社会参加の機会拡大を図る。市は、今般の新型コロナウイルスの経験を活かした感染症対策の徹底を図るとともに、保健・福祉部門にとどまらず、子育て、公園、スポーツなどさまざまな部門で健康づくりに取り組み、あわせて市民がともに活躍する豊かなコミュニティをつくっていく。

4　活力ある豊かなまちづくりのために

人口減少を見据えた持続可能なまちづくりは、いよいよ重要な段階に入った。いわゆる「コンパクトシティ」の具体的な姿も市民とともにつくっていく必要がある。人口減少社会へのまちづくりは、市のあらゆる施策に関わる重要課題である。私はこのことを念頭に、将来にわたって住みよい、活力が持続する豊かな市の実現に尽力していきたい。(1,660字)

A－2 高齢社会

【問】 高齢社会が進展する今日、市が重点的に取り組むべき課題とその対応について、あなたの考えを述べなさい。

(1,500字程度)

1 高齢社会の取組の必要性

国の調査によると、日本の高齢化は世界に例をみない速度で進行し、2022年には高齢化率は約29パーセントに達し、更に高齢化は進んでいる。市はこれまでも高齢社会対策にさまざまな角度から取り組んできているが、このような流れの中において、今後は取組を一層強化していくことが求められている。そこで、市は高齢社会の対策に重点的に取り組み、高齢者が元気に心豊かに生活できる社会の実現を目指すことが不可欠である。

2 市が取り組むべき課題

高齢社会について、市が取り組むべき課題は次のとおりである。

第一に、高齢者の就労機会を確保することである。国の調査によると、仕事をしている高齢者の約4割が働き続けたいと回答しており、労働意欲のある高齢者は多い。少子高齢化の進展により人口が減少する中、希望者がその意欲と能力に応じて、年齢に関わりなく希望に応じて働き続けることができるよう、就労環境の整備を図る必要がある。

第二に、介護サービスの充実である。国の調査によると、健康寿命は延伸しているものの、高齢者の約2割に認知症の症状があり、要介護者数も増加している。人生100年時代の中において、介護を必要とする人が住み慣れた地域において自立した生活が継続できるよう支援体制を整備していく必要がある。

第三に、高齢者の孤立化・閉じこもりの防止である。国の調査によると、60歳以上の人のうち約9割が現在の地域に住み続けたいと回答している。核家族化の進展等により高齢者の単独世帯が増加し、地域社会とのつながりが希薄化している。その中で、高齢者が住み慣れた地域で生き生きと豊かに暮らせる生活環境を整備する必要がある。

3 課題解決のための対応

　前述の課題を解決するための対応は、次のとおりである。

　第一に、エイジレスに働ける社会環境の整備である。まず、多様な
⑤
ニーズに応じた就労を促す観点から、定年退職後等における高齢者の社
会参加を提供する高齢者人材センターを設置し、地域の関係機関と連携
⑧
して地域企業の雇用につなげる。さらに、高齢者に必要な能力を習得さ
せるための技術講習と就職が見込まれる企業の職場体験や面接会などの
就職支援を一体的に実施することにより、高齢者が自らの希望に応じて
働き続けることができる機会を拡充していく。

　第二に、質の高い介護サービスを安定的に提供することである。まず、
⑤
市が関係機関と連携して、介護事業の職場体験の開催やキャリアパスの
⑩
導入支援等を推進する。市が介護職のモデルケースを提示し職場の見え
る化を促進することにより、職員の定着や育成、介護サービスの質の向
上を図っていく。さらに、介護施設の整備が十分でない地域において、
市が整備費の補助を実施することにより、地域に密着した施設の設置を
⑪
推進し、介護が必要になっても自らの希望に基づいて生活する場を選択
できるよう受け入れ施設を整備していく。

　第三に、高齢者を支える地域づくりの推進である。まず、市は地域の
⑦
多様な主体と連携して、高齢者の日常生活や健康データ等を共有した見
⑫
守り活動を推進するとともに、高齢者が気軽に立ち寄れる施設を整備し、
地域における高齢者の居場所づくりを推進する。さらに、民間企業や
ＮＰＯと連携して、高齢者の孤立防止のため、地域貢献活動の支援や地
域の交流活動の場を開設し、高齢者が地域の人と触れ合って活躍できる
機会を提供していく。

4 高齢者が心豊かに暮らせる社会の実現に向けて

　以上の対策を通じて、高齢社会が更に進展していく中において、市が
中心となり多様な主体と連携して、高齢者がいくつになっても心豊かに
③
暮らせる地域づくりを推進していく。

（1,540字）

A－2　高齢社会

1　答案例の評価

理解力（題意を的確に受け止めて、適切に課題を設定しているか）
題意を的確にとらえて述べられている。　　　　　　（★★★★★）

提案力（的確な自らの解決策を具体的に述べているか）
課題を解決するための的確な提案がなされている。新たな仕組みをつくろうとするときなどは、より丁寧に述べるようにしたい。 　　　　　　　　　　　　　　　　　　　　　　　（★★★★☆）

主体性（自らの問題意識に基づいた積極的な姿勢が表れているか）
自らの考えに基づき、積極的な姿勢で書かれている。　（★★★★★）

論理・表現力（論理的に、分かりやすく述べられているか）
全体の流れは分かりやすく、文章や用語も適切である。（★★★★★）

その他、特に気づいたこと
全体として、意欲的に大変よく書かれている。なお、「高齢社会への対応」の考え方について、**修文のポイント**③を参照願いたい。

2　修文のポイント

① <u>高齢社会の取組</u>　「高齢社会への取組」のほうが適切か。

② <u>国の調査によると</u>　4回出てくるので、繰り返しを避けたいなら、1番目、3番目は省略できる。

③ <u>高齢者が元気に…</u>、<u>高齢者がいくつになっても…</u>　目指す高齢社会をどのように描くか。ブラッシュアップ論文のような考え方もできる。

④ <u>市が取り組む</u>　出題文に合わせて、「市が重点的に取り組むべき」とする。

⑤ <u>第一、第二</u>　このような順で差支えないが、ブラッシュアップ論文では、「安心」「就労」と逆にしてみた。

⑥ <u>希望に応じて</u>　「希望」が繰り返されるので、削除も可である。

⑦ <u>第三</u>　三つ目の柱「孤立化・閉じこもりの防止」は、悪くない。ブラッシュアップ論文の「社会参加の支援」も参考にしてほしい。

⑧　高齢者人材センター　このセンターの内容が必ずしもよく分からない。新規に設立するものなら、どのようなものなのか少し述べたい。なお、ブラッシュアップ論文では、参考に別の対策を記した。

⑨　質の高い介護サービスを安定的に提供する　以下、「介護サービスの働き手」「介護施設」に関する対策が述べられ、これで差し支えないが、ブラッシュアップ論文では「施設」「働き手」の順に変えてみた。

⑩　キャリアパスの導入支援　分かりにくいので、少し説明を加える。

⑪　市が整備費の…　市が補助を行っていないなら「新たな補助を検討する」などとし、行っているなら「補助の充実を図る」などとする。

⑫　地域の多様な主体と連携して…　生活や健康のデータは重要な個人情報であり、「多様な主体」との連携には留保条件が必要ではないか。

論文作成の知識・技術

【テーマを取り巻く状況把握】

「高齢化率（65歳以上人口比率）」は、総務省統計局による（国勢調査との連続性があるのは各年10月現在。概算値は当該月に、確定値は翌年３月ごろに発表）。2022年は、過去最高の29.0％。2013年は25.1％と、初めて４人に１人を超えた。「75歳以上人口比率」は、2024年に15.5％となった。

将来推計は、国立社会保障・人口問題研究所「日本の将来推計人口」による。最新推計（2024年４月）では、老年人口比率は、2070年には38.7％に増加する。

論文への引用は、各自治体の数字をみておきたい。

【必要な論点の洗い出し】

高齢社会について、政府の「高齢社会対策要綱」（2018年２月）は、基本的施策の分野として「就業・所得」「健康・福祉」「学習・社会参加」「生活環境」「研究開発・国際社会への貢献等」「全ての世代の活躍推進」を挙げている。ブラッシュアップ論文は、ここから４分野に触れている。

A−2 高齢社会

1 高齢社会の進展と求められる対応

　わが国の高齢化は世界に類を見ない速度で進行し、2022年には高齢化率は過去最高の29パーセントに達した。いよいよ高齢社会が到来し、福祉・健康、就労、住宅など、さまざまな問題への対応が急務である。

2 高齢社会の中で市が重点的に取り組むべき課題

　高齢社会の中、市が重点的に取り組むべき課題は、次のとおりである。

　第一に、高齢者が安心して生活を送れるよう、介護サービスの充実を図る。近年、健康寿命は延伸しているものの、要介護者数は増加している。人生100年時代において、介護を必要とする人が住み慣れた地域において自立した生活が継続できるよう、支援体制の強化を図る。

　第二に、高齢者の就労機会を確保する。国の調査によると、仕事をしている高齢者の約4割が働き続けたいとしている。少子高齢化に伴い人口が減少する中、希望者がその意欲と能力に応じて、年齢に関わりなく働き続けることができるよう、就労環境の整備を図る。

　第三に、高齢者の住まいを確保し、社会参加を支援する。高齢者の居住環境をみると、核家族化の進展等により単独世帯が増加し、地域社会とのつながりも希薄化している。居住環境を整備するとともに、活動の場の拡大などにより社会参加を支援していく。

3 課題解決のための対応

　前述の課題を解決するための対応は、次のとおりである。

　第一に、質の高い介護サービスを安定的に提供する。介護施設を確保するため、市は、施設立地促進に向け、市内の土地や建物の情報を積極的に提供する。また、特に施設が不十分な地域においては、遊休土地や空き家が有効に活用できないか積極的に検討する。介護職員を確保するため、市は関係機関と連携して、介護施設での職場体験や企業における

介護職員のキャリアパス導入支援等を推進する。市は、介護職員のモデルケースを提示し、職員の定着や育成、介護サービスの質の向上を図る。

第二に、年齢に関わりなく働ける就労環境を整備する。そのため、市は、市内の公的機関、企業・団体等に対し、高齢者の就労の場を積極的に掘り起こしてもらう。就労の場としては、高齢者による高齢者向けのサービス提供事業、空いた時間を活用した農業等への従事、商店や商店街振興のためのＰＲやノウハウ等の提供、高齢者の起業への支援など、特に高齢者が持つ知識や技術・経験を活かすことのできる分野が有効である。市は、こうした新たな就労の場について広く情報提供を行うとともに、マッチングのための調整を行う。

第三に、高齢者の住まいと社会参加の環境整備を行う。そのため、高齢者が安心して住み続けることができるよう、住まいの確保策を講じるとともに、より社会参加がしやすいよう、家族などとの近接居住への助成を積極的に進める。そのうえで、地域活動の機会拡大のため、文化やスポーツなどの交流団体が身近な所で開設できるよう、市は、ボランティア団体などの協力を得ながら、組織づくりに必要なノウハウの提供や市民間の情報共有の仕組みづくりを推進する。以上に加え、関係企業や県、近隣市などと協力して、高齢者が利用する交通機関の負担軽減を検討したい。広域的な地域活性化と経済効果が期待できるので、社会実験などにより検討する。

4　活力が維持する高齢社会の実現に向けて

今後の望ましい高齢社会は、社会が高齢者を支えるとともに、高齢者が社会に活発に参加するような社会であり、地域間・世代間の交流が盛んで、市全体の活力が増進するような社会である。私は、今後とも、住民、企業・団体、県や近隣市などと連携しながら、豊かな高齢社会の実現のために積極的に取り組んでいきたい。

(1,540字)

A－3 　環境問題

> 【問】　近年の環境問題の動向を踏まえ、市が重点的に進めるべきと
> 考える取組について、あなたの考えを述べなさい。
> （1,600字程度）

1　環境問題の現状

　気候危機の一層の深刻化、生物多様性の損失、水・大気環境の変化など、環境を取り巻く状況は世界規模で大きな課題となっている。さらに、未知のウイルスのパンデミックが現実のものとなり、ウクライナ・ロシア情勢による資源やエネルギーへの影響等、未曽有の危機の最中にある。

　わが国においては、国が現在第四次環境基本計画まで策定しているほ
①
か、都道府県・市町村の自治体でも策定が進んでいる。各レベルで新たな環境問題や社会の変化に対応しながら、目指すべき環境の実現に向けた取組を行っている。

2　市が進めるべき環境問題への取組

　本市は、環境基本計画の中でも気候変動対策計画を重点的施策とし、スマートエネルギー都市の実現に向けた取組を行ってきた。省エネ技術
②
の普及や取組の浸透により、本市における家庭・業務部門のエネルギー消費量は減少傾向にあるが、近年、家庭・業務部門でも導入できる技術の発展はめざましく、エネルギー消費のさらなる効率化を加速させるべきである。またエネルギーを巡る不確定性は市民生活にも大きな影響をあたえることから、市民の取組への機運が高まっていることも好機である。このような中、環境に配慮したスマートシティの実現のため、私は
②
以下のような施策を推進する必要があると考える。

　第一に、家庭・業務部門における省エネのさらなる推進である。具体
③
的には、断熱や家庭用燃料電池などの省エネ設備の設置に対して支援を
④
行う。また、IoT技術を活用したスマートハウスやスマートビルディン
⑤
グの導入支援により、エネルギー消費を見える化し、最適な需給管理を行うことで家庭・業務部門のエネルギー消費を効率化する。何より、

CO_2排出量の大幅削減には、新技術の大胆な導入が不可欠である。そこで、水素エネルギー利用のモデルエリアを創出し、水素社会の基盤を整備する。

第二に、自動車からの温室効果ガスを削減する取組である。具体的には、ビッグデータを活用した信号制御の高度化により市内の渋滞をなくしていく。また、県と連携し、鉄道の利便を高めたりＢＲＴ（バス高速輸送システム）の整備などにより公共交通網を充実させ、自動車の使用を減らす。さらに、温室効果ガスを出さないゼロエミッションビークルの普及が鍵になる。そこで、電気自動車や燃料電池車の導入に対して支援を拡大し、ゼロエミッションビークルの普及を促す。

第三に、地球温暖化対策とヒートアイランド対策の同時推進である。具体的には、省スペースで設置できる小型の太陽光発電設備、蓄電設備、送電網の導入を進め、さらにＡＩ技術により最適なエネルギーの需給管理を行うことで効率的に運用する仕組みを構築する。また、電力小売の自由化を活用して市外で発電した再生可能エネルギーの市内施設での利用を拡大し、化石燃料の使用によるCO_2排出を削減する。もっとも、快適で住みやすい環境とするには、深刻な夏場の暑さ対策が必要である。そこで、クールエリアの創出、遮熱性舗装の整備、緑地や緑陰の増加を進めることで、暑さを解消する。

3 環境先進都市の実現

本市が環境先進都市となるためには、グローバルな課題に目を向けながら、地域が抱える問題に適切に対応していかなければならない。市レベルで導入を支援できる新技術は少なくなく、家庭・業務部門の対策は、やりつくしたものでは決してない。デジタル技術を活用した取組は今後も広がりが期待されている。常にアンテナを高くして、国や県の取組も注視しながら、業務に取り組んでいく所存である。

（1,580字）

A-3 環境問題

1 答案例の評価

理解力（題意を的確に受け止めて、適切に課題を設定しているか）
題意は「市が重点的に進めるべき」であることを考慮して、基礎的自治体が行うべき対策をもっと述べていきたい。 （★★★☆☆）
提案力（的確な自らの解決策を具体的に述べているか）
提案力は高いものがあると考えるが、上記の点を含め、取るべき対策を取捨選択したい。 （★★★☆☆）
主体性（自らの問題意識に基づいた積極的な姿勢が表れているか）
環境問題についての積極的な姿勢が読み取れ評価できるが、「市が取り組むべき施策」という視点をさらに強めたい。 （★★★☆☆）
論理・表現力（論理的に、分かりやすく述べられているか）
文章は丁寧で分かりやすい。なお、テーマの性格もあり専門的な用語がそのまま書かれている面がある。内容が伝わるように、かみ砕いて表現することを心掛けるとよい。 （★★★★☆）
その他、特に気づいたこと
普段から環境問題に関心を持ち、自身であるべき方向を持っている様子がうかがえるが、「日々進められている市政の実際」の観点からそれらを位置づけ直して考えると、さらによい論文が作成できる。

2 修文のポイント

① 国が現在第四次環境基本計画…自治体でも策定が進んでいる　ここでは、最終的には、市における策定状況について述べたい。

② スマートエネルギー都市、スマートシティ　市において説明なしで理解される場合を除いて、かみ砕いた内容の説明がほしい。また、用語は統一したい。

③ 第一に、第二に、第三に　この3本柱について、2番目を「自動車から」とすると展開が限られてしまう。3番目は少し分かりにくい。ブラッシュアップ論文では別の柱立てをしたので参照してほしい。

④　断熱や家庭用燃料電池などの省エネ設備の設置に対して支援　冒頭から「支援」でなく、「普及・啓発」を挙げることも考えられる。

⑤　スマートハウスやスマートビルディングの導入支援　「導入支援」は、「推奨・誘導」から「助成」まで幅が広い。具体的に示したい。

⑥　水素エネルギー利用のモデルエリアを創出　どのようにして創出するのか、例示などで示したい。

⑦　信号制御の高度化　市がどのように関わるのか、分かりにくい。

⑧　鉄道の利便を高めたり　鉄道の利便性の向上にはどのようなものがあるか分かりにくいので、例示などで示したい。

⑨　電気自動車や燃料電池車の導入に対して支援　助成を含めさまざまな方法があるので、具体的に示したい。

⑩　小型の太陽光発電設備、蓄電設備、送電網の導入　「導入」の方法はさまざまなので、具体的に示したい。

⑪　最適なエネルギーの需給管理を行うことで効率的に運用する仕組みを構築　何を対象に需給管理を行っていくのか、示したい。

論文作成の知識・技術

【テーマを取り巻く状況把握】

　環境問題については、世界及びわが国においてそれぞれ政策目標が決定されているので、最新のものを確認し、そのうえで各自治体の目標や計画を理解し、身につけておくことが重要である。

　国際目標に関しては、2023年3月に出されたIPCCの第6次統合報告書で、「産業革命前からの気温上昇幅を1.5度に抑えるには、2025年までに排出を減少に転じさせ、35年には19年比60％減らす必要がある」とされた。同年12月のCOP28では、「化石燃料からの脱却」「10年でこの行動を加速」させることで合意した。

　わが国では、「地球温暖化対策計画」（2021年10月閣議決定）において、「2030年度に温室効果ガス46％削減（13年度比）を目指すこと、さらに50％の高みに向けて挑戦を続けること」としている。

A-3 環境問題

1 環境問題の現状

　気候危機の一層の深刻化、生物多様性の減少、水・大気環境の変化など、環境を取り巻く状況は世界規模で大きな課題となっている。わが国においては、国が「地球温暖化対策計画」を策定し、2030年度までに温室効果ガス46％削減（13年度比）を目指すことなどが決定され、本市においては、「2050年度カーボンゼロニュートラル」を実現を目指し、30年度までに13年度比で50％削減を目標としている。地球環境の変化が日々の市民生活に大きな影響を及ぼしている今日、本市において、環境負荷軽減に向けた行動を推進していくことが強く求められている。

2 市が重点的に進めるべき取組

　本市においては、温室効果ガス排出量の約5割を家庭が占めている。省エネ技術の普及などが進み市民の取組の機運が高まっている現在は、対策推進の好機である。私は、市は次のような施策を重点的に進めるべきと考える。

　第一に、省エネルギーのさらなる推進である。具体的には、まず、エアコンなど家庭等で使われる機器の省エネ・利便性・健康・費用などを考慮した「望ましい使い方」や効率的・効果的な再生可能エネルギーの活用法などについて、環境学習や広報等により普及していくことが重要である。そのうえで、太陽光発電設備や住宅の断熱改修などの設置・改修費用などについて適切に支援を行っていく。また、市が行う学校等の公共施設の新設・改修に当たっては、屋上緑化や水の循環システム導入などを含め、費用対効果を検証しながらエネルギー低減策を講じていく。二酸化炭素を排出しない水素エネルギーについて、燃料電池自動車等を活用した普及啓発や移動式水素ステーションの運営などを行い、水素社会の基盤を整備する。

　第二に、ごみを出さない仕組みと資源循環の推進である。具体的には、

　まず、ごみの量を減らすための２Ｒ（リデュース・リユース）の取組を強化する。そのため、市は、家庭用ごみ処理機器導入への助成やイベント等におけるリユース食器の利用などを進めていく。また、家庭や事業所からの食品ロスを削減するため、普及啓発事業とともに、余った食品を子ども食堂などに届けるフードドライブの取組を拡大する。２Ｒの取組によっても発生する不要物は「資源」として位置づけ、「リサイクル」を推進する。そのため、小型家電等の価値の高い資源の回収を進めるほか、集団回収をしている団体に対して報奨金を支給するなどの取組を積極的に進める。

　第三に、環境に配慮したまちづくりの推進である。具体的には、まず、水と緑のまちづくりを進め、環境負荷の少ない都市をつくっていく。ここでは、大規模な緑の保全やまちなかの緑化などを推進するとともに、市民生活への温暖化の影響軽減のため、遮熱性舗装の整備や木陰などのクールエリア創出などにも取り組む。また、自動車から徒歩、自転車、公共輸送機関への転換を促進するため、カーシェアリングの普及やゆったり歩ける歩道の整備、バスなど身近な公共輸送機関の利便性向上を図る。さらに、環境配慮型の住宅について広く普及促進を図るとともに、大規模建築物の建設や再開発に当たっては、IoT技術を活用したスマートハウスやスマートビルディングの整備などを要請し、まちづくりの機会をとらえた環境負荷対策を進めていく。

3　環境先進都市の実現

　本市が環境先進都市となるためには、グローバルな課題に目を向けながら、地域が抱える問題に適切に対応していかなければならない。私は、市政の重要な第一線を担う係長として、以上で述べたよう対策の方向をしっかりと基本に据え、環境負荷が少ない快適で暮らしやすい都市をつくっていくため、全力で取り組んでいく所存である。　　　　　　（1,580字）

A-4 防災対策

> 【問】 大地震や豪雨など、近年、大規模な自然災害への危惧が市民を脅かしている。こうした状況を踏まえ、本市においてとるべき防災対策について、あなたの考えを述べなさい。
>
> （1,200～1,500字程度）

1 大規模な自然災害への危惧と課題

令和6年能登半島地震や九州北部豪雨など、近年の大地震や豪雨災害の多発を受け、大規模な自然災害への対策は喫緊の課題である。具体的に対処すべき課題として、次の三点が挙げられる。

一点目に、災害後の都市機能維持のための対策である。災害によりひとたび都市インフラが破壊されると、復旧に長い時間がかかる。復旧までの経済損失を最小限に抑えるためには、災害後も給排水や物流など、正常な都市機能が維持できるよう、事前の対策が不可欠である。

二点目に、木造家屋の建替えの推進である。2016年の糸魚川市大規模火災では、木造家屋の密集が、延焼が拡大する原因の一つとなった。能登半島地震では輪島市中心部で甚大な被害が生じたが、大地震による火災の拡大を防止するためにも、燃えやすい木造家屋の建替えは急務である。

三点目に、豪雨に対応できる都市づくりの推進である。気候変動の影響等により、時間あたり100ミリ超の豪雨は頻度を増している。情報の適切な伝達や貯水設備の強化等、豪雨への対策を進める必要がある。

2 課題解決に向けた取組

こうした状況を受け、本市では以下の三点の防災対策をとる必要がある。

第一に、災害後の都市機能を維持する取組の推進である。まず、災害時の安定的な給水・排水機能の確保のため、貯水池等の給水設備や、避難所等からの排水設備の耐震化について、優先順位をつけて効率的に進

める。<u>次に、</u>ＳＮＳ等の利用により、日頃から災害時給水拠点の位置を
　⑤
市民に周知し、災害時に円滑な給水体制がとれるようにする。<u>さらに、</u>
物資の輸送経路の確保のため、緊急輸送道路等の橋梁の新設や架け替え、
拡幅整備を推進する。

　<u>第二に、</u>倒れない、燃え広がらないまちづくりの推進である。まず、
　④
木造住宅の早期の建替え促進のため、<u>建替えに係る助成制度や減税制度</u>
　　　　　　　　　　　　　　　　　⑥
<u>を一層整備する</u>とともに、県と連携した職員の戸別訪問・個別相談によ
り制度の周知を進める。次に、<u>市自らが狭小な木造住宅を買い取り、共</u>
　　　　　　　　　　　　　　　⑥
<u>同住宅への建替えを進める</u>。さらに、旧耐震基準マンションの耐震化の
ため、耐震アドバイザー派遣・<u>無料の耐震診断実施</u>・改修工事への助成
　　　　　　　　　　　　　　　⑥
を強化する。

　<u>第三に、</u>豪雨に対応できる都市づくりの推進である。<u>まず、学校等の</u>
　④　　　　　　　　　　　　　　　　　　　　　　　　⑦
<u>公共施設の一時貯水施設の設置</u>を進めることで、豪雨への対応力を高め
る。次に、浸水被害が拡大する可能性の高い地下街において、県や施設
管理者と連携し、浸水対策計画に基づく情報伝達訓練を実施する。さら
に、スマートフォンのアプリにより、精度の高い降雨情報を<u>リアルタイ</u>
　　　　　　　　　　　　　　　　　　　　　　　　　　　⑧
<u>ム</u>で提供するほか、降雨情報を積極的に<u>街中のデジタルサイネージやア</u>
　　　　　　　　　　　　　　　　　　⑨
<u>ナウンス等</u>で伝達する。

3　安心して暮らせる防災都市の実現のために

　市民が安心して暮らせる防災都市を実現するためには、ハード・ソフ
トの両面から、適切な防災体制を整備する必要がある。私は係長として、
適切な施策の推進のため、全力で職務を遂行する所存である。　（1,260字）

A－4　防災対策

1　答案例の評価

理解力（題意を的確に受け止めて、適切に課題を設定しているか）
題意を踏まえ、大地震対策と豪雨対策について正面から述べている。　　　　　　　　　　　　　　　　　　　　　　（★★★★☆）

提案力（的確な自らの解決策を具体的に述べているか）
提案は具体的な対策が述べられているが、公的資金を投入する施策について、行政としてどこまで対応するかについて十分に考慮したうえで記述したい。　　　　　　　　　　　　　　（★★★☆☆）

主体性（自らの問題意識に基づいた積極的な姿勢が表れているか）
対策の内容などにおいて、自らの問題意識に基づき、課題を達成しようとする意欲がみられる。　　　　　　　　　　（★★★★☆）

論理・表現力（論理的に、分かりやすく述べられているか）
論文の流れ及び文章はともに分かりやすく書かれており、評価できる。　　　　　　　　　　　　　　　　　　　　　　（★★★★☆）

その他、特に気づいたこと
対策などを記述する順序を考慮したい。答案例では、時間的順序に従ったり、ハードからソフトの順を考えるなどができる。

2　修文のポイント

① 　一点目に、災害後の都市機能維持のための対策　一点目に「災害後」とあると、やや違和感を覚える。時間の順序などを考慮したほうが理解しやすい。例えば、答案例の第1を最後に送って、「災害が起こらないようにするための都市づくり（建物の耐震化・不燃化、豪雨対策）」→「災害後の都市機能維持」とする。

② 　木造家屋の建替えの推進　この柱の対策に盛り込まれているように、ここではより広く、「建築物の耐震化・不燃化」としたい。

③ 　課題解決に向けた取組　できれば、取組内容が分かる見出しとする。

④ 　第一に…、第二に…、第三に…　これらの柱のリード文は、続く内容を端的に示しており、分かりやすい。

⑤ 　次に、ＳＮＳ等、さらに、物資の輸送経路　この二つは順序を入れ替えて、「ハード」を整えて「ソフト」対策としたほうが流れがよい。

⑥ 　建替えに係る助成制度や…、市自らが狭小な木造住宅を買い取り…、無料の耐震診断実施・改修工事への助成…　これらの対策は私有財産に係る税の投入であり、厳しい市財政も考慮して慎重に検討したい。

⑦ 　まず、学校等の…　いきなり個別の対策に入る前に、全体的な対策などがあれば、述べたい。ブラッシュアップ論文を参考にされたい。

⑧ 　リアルタイム　カタカナ用語が多用されているので、「リアルタイム」→「即時」、「アナウンス」→「防災無線」などと言い換えると読みやすい。

⑨ 　街中のデジタルサイネージやアナウンス等　豪雨の被害は街中だけでなく、郊外住宅地や農業地域などにも及ぶ点を考慮したい。

論文作成の知識・技術

【必要な論点の洗い出し】

　防災には幅広い対策が必要であり、述べるべき論点も多岐にわたる。論文ではこれを整理し、分かりやすく提示する必要がある。

　ブラッシュアップ論文は、①のように「大地震対策」「豪雨対策」「災害後の都市機能維持」とすることもできるが、ここでは「（ハード面として）建物・施設の整備」「（ソフト面として）的確な情報提供」「平素の取組の強化」の３つで整理し、３段で構成した。防災対策は「自助」「共助」「公助」、あるいは「物的側面」「人的側面」「情報面」などとも整理できるので、試みてほしい。

A－4　防災対策

1　求められる大規模な自然災害への対応

　令和6年能登半島地震や近年の線状降水帯による豪雨災害など、深刻な自然災害が多発している。本市地域においては、大規模地震発生の切迫性が高いとの調査結果が出されており、また、先の集中豪雨では広い地域において避難勧告が発令されたところである。本市は、自然災害に対してまだまだ脆弱な面がある。大規模自然災害への対策は喫緊の重要課題である。

2　自然災害に強い都市づくりの推進

　自然災害に強い都市をつくっていくために重点的に取り組むべき課題と対策は、次の三点である。

　第一は、大地震と豪雨に耐えることのできる建物・施設の整備である。

　大地震に備えては、特に危険な木造密集地区などにおいて建替え等の促進を図り、地域の耐震・不燃化を進める。また、災害時に生命線となる道路、橋梁、上下水道などインフラ施設の強化も重要であり、計画的に整備を進める。豪雨への対応力を高めるためには、河川や水路の点検・整備が不可欠である。普段は流れが少ない水路などについても、市民からの情報提供などの協力を得て、確実に進める。併せて、地域の内水氾濫を防ぐため、下水ポンプ力の増強を促進するとともに、住宅団地、公園等の大規模敷地を活用した一時貯水施設の整備を推進する。学校、病院、市民集会施設など災害時に特に重要な役割を果たす建物については、地震と豪雨の両面をにらんだ対策をとることとし、耐震・不燃化と併せて建物への浸水を防ぐ手立てを講じる。豪雨対策としては、仮に浸水があっても電気設備等には影響が及ばないなどの整備をしておく。

　第二は、災害時の的確な情報提供である。

　市は、市民の安全を確保するため、災害発生時には、火災の発生状況

や河川の水位などの危険情報、避難を開始すべきタイミングや向かうべき避難施設などの情報について、早め早めの提供を図り、全ての市民に必要な情報が行きわたるようにする。河川や水路の水位情報の提供のため、市は、独自の取組として測定機器の設置をできるだけ早急に進める。また、本市においては、地震の場合と豪雨の場合では避難場所や経路が異なる地域が多い。住民が混乱しないよう、早めで正確な情報提供が不可欠である。

　第三は、災害に備えた平素の取組の強化である。

　まず、市民への適切な情報提供のため、市は、防災無線、ホームページ、ＳＮＳ、地域の住民を通した直接の伝達など、それぞれの特徴を活かした情報伝達経路を整備し、あらかじめ市民に分かりやすく周知しておく。市内のハザードマップの更新・充実と、市民の内容理解の促進も重要である。また、高齢者など、災害時の避難困難者への対応方針を確立するとともに、近年増加している外国人が避難等で迷わないよう、多言語による防災情報の提供や災害時のコミュニケーションについての検討・準備も進めていく。災害時において、住民同士で必要な情報を共有して支え合う「共助」の仕組みを、住民とともに検討し、築いていく。

3　安心して暮らせる防災都市実現のために

　自然災害に強い都市を実現するためには、以上のような施策を強力に進めていくことが必要であり、それに携わる職員の積極的な姿勢と危機管理意識が重要である。災害時における配備体制の理解をはじめ、職員は、常に災害への意識を持たなければならない。私は今後とも市民を災害から守る意識を強く持ち、防災対策に取り組んでいく。　　　　(1,460字)

A－5　地域の活性化

> 【問】　本市における実情を踏まえ、本市において、今、求められて
> いる地域の活性化策について、あなたの考えを述べなさい。
> 　　　　　　　　　　　　　　　　　　　　　　（1,200〜1,500字程度）

1　はじめに

　本市は、農業を中心とした古くからの地域と、ニュータウン事業により集合住宅を中心に新たに開発された新興市街地の大きく二つの地域を抱えている。

　とりわけ、新興市街地は生活関連施設が計画的に配置されていることもあって、二つの地域は生活圏が分断されている。そのため、同じ行政区域に住みながら、①二つの地域の住民どうしは同じ市民という意識がほとんどない。

　このような状況において、②市は、地域の活性化に取り組み、魅力的なまちづくりを進めていかなければならない。

2　③住民どうしがつながる場の創設

　地域を活性化させるためには、それぞれの地域の③住民どうしがつながり、関わり合いを持てる場をつくっていくことが必要である。そのために、以下の取組を行っていく。

　第一に、地域のまとまり自体が希薄である。新興市街地は新しく入居してきた住民が多く、地域社会としての連帯感がほとんどないのが実情である。

　そこで、例えば④災害時の危機管理を想定した、住民どうしの連携を強化する取組を行っていく。具体的には、地域ごとの自主防災組織の結成を促し、防災訓練などの取組を支援していく。また、合同防災訓練を市が企画するなど、各地域がお互いに顔のみえる関係を築けるよう側面から支える。

　⑤第二に、新旧市街地の交流が少ないことが地域の活性化を阻んでいる。

　二つの地域は生活圏が異なることから、日常生活での関わりが少ないため、お互いの地域に関心を持ちにくくなっている。

　そこで、一つの交流の場として、農業をきっかけとした地域再発見の場を創設する。
⑥

　例えば、週末の朝市を開催することにより、新興市街地の住民が旧市街地を訪れるきっかけをつくる。また、農作物の収穫時期に合わせた収穫祭などイベントの開催や、遊休農地を利用した体験農園を設置し、農家の協力を得て農業指導を行うなど、住民どうしが触れ合える場を提供する。
③

　第三に、高齢化の進行による住民の年齢層の偏りが問題として挙げら
⑦
れる。

　若年世代は、就業や結婚を契機に、他の地域に転出する傾向が強く、旧市街地に定住する住民層は高齢化が進みつつある。

　そこで、世代間交流を根付かせる仕組みをつくることにより、地域の活性化を図る。例えば、小中学校の授業に地域学習の時間を設け、昔から住んでいる高齢者による昔語りを行ったり、市内を歩いての歴史調査などを企画する。また、市内の老人福祉施設における学生ボランティアを積極的に推進することで、子供たちが、この地で家庭を持ち、子を育て、
⑧
老後も暮らしていける具体的なイメージを持てるようにするのである。

3　さいごに

　地域を活性化させることは、目新しいことを始めることではなく、今ある地域の持ち味を高め、市民に再認識してもらうことから始まる。そのことにより、市民が自分たちの住む町への愛着を深め、より魅力ある町にするための行動につなげていくことが、市に与えられた役割であると考える。

　私はこれから、市の活動の先頭に立って、身近なところから地域を活性化させる取組を進めていきたい。

（1,300字）

A－5 地域の活性化

1　答案例の評価

理解力（題意を的確に受け止めて、適切に課題を設定しているか）

地域活性化というテーマについて、冒頭では「新旧市街地の住民の
つながりがないこと」について述べているが、以降ではより広い内
容としてとらえている。本論文では、広くとらえてよい。地域の活
性化とは何かについて書かれていないので、論者が考える地域の活
性化について、述べたい。　　　　　　　　　　　　（★★★☆☆）

提案力（的確な自らの解決策を具体的に述べているか）

具体的で妥当な内容が盛りだくさんであり、よい。　（★★★★☆）

主体性（自らの問題意識に基づいた積極的な姿勢が表れているか）

市の実情を踏まえた独自の視点による提案がなされており、積極的
な取組姿勢が感じられる。　　　　　　　　　　　　（★★★★☆）

論理・表現力（論理的に、分かりやすく述べられているか）

冒頭の問題設定と以下の活性化策の記述が合わないので、整合を取
るべきである。文章は平易であり、分かりやすい。　（★★★☆☆）

その他、特に気づいたこと

提案内容が具体的かつ妥当であり、好感が持てる。論文としての論
理性をより確保するよう、注意したい。

2　修文のポイント

① 　<u>二つの地域の住民どうしは同じ市民という意識がほとんどない。こ
のような状況において</u>　冒頭の問題設定が、このように「新旧住民の
つながり」になっているのにかかわらず、以下の記述はより広くなっ
ている。合わせるべきである。

② 　<u>市は、地域の活性化に取り組み</u>　いきなり地域の活性化策に入るの
でなく、論者が考える地域の活性化とは何か、できれば述べたい。

③ 　<u>住民どうし</u>　①④の文中を含め、漢字にして「住民同士」のほうが

落ち着く。

④　災害時の危機管理を想定した、住民どうしの連携を強化　これ以下、
　具体的に書かれていて分かりやすい。

⑤　第二に、新旧市街地の交流が少ない　冒頭の問題設定に対応するの
　はこの「第二」のみになってしまっている。

⑥　農業をきっかけとした地域再発見の場を創設する。例えば　具体的
　提案が書かれており、内容も妥当である。「第三」の「例えば」以下
　の記述も、具体的でよい。

⑦　第三に、高齢化の進行による住民の年齢層の偏りが問題　冒頭の問
　題設定から離れている。

⑧　推進することで　「推進することにより」がより適切な表現である。

論文作成の知識・技術

【テーマを取り巻く状況把握】

　地域活性化に関しては、人口動向も重要である。各自治体の基
本構想などを参照してほしいが、全国については、5年に1度、
国立社会保障・人口問題研究所が公表している「日本の将来推計
人口」（2023年4月）がある。総人口は、2020年に1億2615万人
であったが、2056年には1億人を割ると推計されている。

　ブラッシュアップ論文では、この動向について**3**の中で記述し
たので、参考にしてほしい。

【必要な論点の洗い出し】

　地域の活性化は、多く、観光、まちづくり、雇用・販路拡大、
農業、教育、移住などの面からとりあげられる。地域の活性化策
は地域の実情により異なるので、所属する団体の計画などで勉強
しておく。

A－5 地域の活性化

1 表れはじめた地域活力の低下

　人が相互につながり、市民活動や経済活動が活発に展開し、新たな価値が生み出されていく、そのような姿が活力ある地域社会のあり方であろう。しかし、本市においては、人口の高齢化、コミュニティの希薄化、農業や商店街の低迷など、地域社会の活力低下が表れている。市は、地域の活性化に取り組み、魅力的な地域社会を継続、発展させていかなければならない。

2 本市における地域活性化策

　地域を活性化させるためには、人がつながり、文化や産業などの諸活動が活発に行われるようなまちづくりが必要である。そこで、私は、以下の取組を行うことが重要であると考える。

　第一に、地域間の交流を通した活性化である。本市においては、新旧市街地間をはじめ、住民同士のつながりが弱い。そこで例えば、農業をきっかけとした地域再発見の場を創設する。具体的には、週末の朝市を開催することにより、新興市街地の住民が旧市街地を訪れるきっかけをつくる。また、農作物の収穫時期に合わせた収穫祭などのイベントを開催したり、遊休農地を利用した体験農園における農業指導などを行う。これらの事業は、住民同士がふれあう場を提供するともに、農業の活性化に役立つ。

　また、市内に立地している工場への訪問などを通して、市民と企業の交流を促していくことも重要である。

　第二に、高齢者と若年層の力を活用した活性化である。例えば、高齢化が進行する中で、若年層の転出を食い止めるため、高齢者の力を借りる。小中学校の活動に地域学習の時間を設け、昔から住んでいる高齢者による昔語りを行ったり、市内を歩いての歴史調査などを企画する。ま

た、市内の老人福祉施設において学生などのボランティアを積極的に活用することにより、世代を超えた市民が高齢者を支えるとともに、若い世代にとって、将来、自分たちが本市で家庭を持ち、子を育て、老後も暮らしていく具体的なイメージを持てるようにする。

　第三に、商店街の活性化策を講じる。新旧市街地交流事業は、例えば、新市街地の商店街で行えば旧市街地住民との交流に役立つだけでなく、商店街の活性化につながる。したがって、まずは、このような地域交流を視野に入れた商店街振興策を積極的に推進する。市は、商店街が地域住民の集客イベント等を行う場合は、市民への情報提供を積極的に行うなどにより、商店街を支援していく。さらに、いわゆる「買い物難民」問題に対応して、商品・サービスの提供を商店街から高齢者や旧市街地の方に出向いて行うなどの仕組みを行政と商店街でつくっていくことも積極的に検討していく。

3　着実なまちづくりで活性化を

　わが国人口が減少し、2056年には1億人を割ると推計されている中、本市および市内各地域の活性化は重要な課題である。

　地域を活性化させることは、現在、市で進めている企業の立地や市内での起業促進に一層取り組むとともに、地域の人々や地域の魅力を再評価しながら相互につなげ、大切にしていくことから始まる。そのことを通して、市民が自分たちの住むまちへの愛着を深め、より魅力と活力を向上させるために日々の行動で着実にまちをつくっていくことが重要である。

　私は今後とも、市の活動の先頭に立って、身近なところから地域を活性化させる取組を進めていきたい。

（1,460字）

A－6　来街者に魅力あるまちづくり

> 【問】　豊かさを求める人々の価値観の高まりや国際化の進展の中、本市において、来街者にとって魅力あるまちづくりを今後どのように進めていくべきか、あなたの考えを述べなさい。
>
> （1,600字程度）

1　来街者に魅力あるまちづくりの必要性

　モノ消費からコト消費への人々の価値観の変化や国際化の進展に伴い、国内旅行者数、訪日外国人観光客数は、コロナ禍で大きく落ち込んだが、その後回復し訪日外国人観光客は2023年には2500万人を突破した。本市においても内外からの旅行者は増加し、今後の人口減少社会において都市の活力を維持するためには、来街者にとって魅力あるまちづくりを一層推進する必要がある。

2　解決すべき課題

　本市において来街者にとって魅力あるまちづくりを推進するためには、以下の三点が課題であると考える。

　一点目に、本市の観光資源が国内外の観光客にとって知名度が低いことである。本市には自然資源や文化資源等、さまざまな観光資源があるが、決して知名度は高くなく、旅行先として選ばれにくい傾向がある。観光客に旅行先として選んでもらえるような、効果的な観光資源のプロモーションを、今以上に積極的に推進する必要がある。

　二点目に、外国人来街者の受け入れ体制が不十分であることである。近年の外国人観光客の急増に対し、受け入れ体制が十分であるとは言いがたい。外国人観光客が快適に滞在でき、リピーターとして再び訪れたくなるような都市の実現のため、ハード・ソフト両面で、外国人観光客の受け入れ体制を整備する必要がある。

　三点目に、市内の交通環境が不十分であることである。本市における観光地間の移動手段としては、バスが一般的であるが、路線や行先が分かりづらいという問題や、慢性的な道路渋滞により遅延が常態化しているという問題がある。来街者の快適な観光を実現するため、市内の交通環境を一層整備する必要がある。

3　課題解決に向けた取組

　以上の課題に対し、私は、以下の対策が重要であると考える。

　第一に、市内の観光資源に関するプロモーションの強化である。具体的には、駅や空港などのディスプレイや印刷物などの広告媒体を活用し、市内の観光資源の魅力をＰＲする。また、ＳＮＳユーザーの登録制度などをつくり、市内観光資源を積極的に発信してもらう。また、海外への効果的なＰＲのため、海外メディアへの積極的な取材協力や出稿などを進める。市内観光に関するホームページの多言語化も進め、市内の観光資源を積極的にＰＲすることで、旅行先として選ばれるまちづくりを推進する。

　第二に、ハード・ソフト両面からの外国人観光客受け入れ環境の整備である。具体的には、民間事業者等と連携し、駅、店舗、公共施設等の英語・中国語・韓国語表示やピクトグラムの表示を推進するほか、県と連携し、防災情報の多言語化を進める。また、外国語の語学力を持つ市民から、外国人向けの観光案内ボランティアを募集する。さらに、外国人の多様な価値観に配慮するため、宿泊施設や交通機関、店舗等の職員対象に、世界の宗教や文化についての、専門家による研修を実施する。これにより、外国人観光客が快適に滞在できるまちづくりを推進する。

　第三に、市内の観光交通環境の整備である。具体的には、鉄道事業者と連携し、鉄道駅と市バスの路線、主要観光地の位置関係を示した観光マップを作成し、市内主要駅や観光案内所で配布する。また、主要観光地をめぐる観光用バス路線を整備し、主要観光地の入場料と市バス一日乗車券がセットになった観光切符を販売する。さらに、バスの定時性を確保するため、バス専用・優先レーンを設置するほか、ＩＴＳ技術による優先信号制御などを可能にする公共車両優先システムの導入を推進する。これにより、来街者が快適に移動できるまちづくりを推進する。

４　おわりに

　労働力人口の減少や人々の価値観の変化、ニーズの多様化により、観光産業は今後より重要性が増していくと考えられる。本市が観光地として魅力的な都市であり続けるためには、民間事業者や国、県等と連携し、来街者のニーズを満たす施策を積極的に推進していく必要がある。

（1,640字）

A－6　来街者に魅力あるまちづくり

1　答案例の評価

理解力（題意を的確に受け止めて、適切に課題を設定しているか）
基本的には出題意図を押さえているが、一つ目の「観光資源をプロモーションする」ことは魅力あるまちづくりそのものではなく、結果のＰＲに当たる。より題意に沿って論点を挙げるよう心掛けたい。（★★★☆☆）
提案力（的確な自らの解決策を具体的に述べているか）
設定した課題に対する提案として大きくずれることはないが、既に当然に実施されているようなものもある。課題を解決するための効果的な提案をするようにしたい。（★★★☆☆）
主体性（自らの問題意識に基づいた積極的な姿勢が表れているか）
出題された問題に対して積極的に解決しようとする意欲はうかがえる。なお自らの立場に即した実践的な提案がなされるとよい。（★★★★☆）
論理・表現力（論理的に、分かりやすく述べられているか）
設定した柱に沿って、分かりやすく書かれている。（★★★★☆）
その他、特に気づいたこと
論文作成に必要な基本は押えられているので、出題された問題に対して何を論点として何を提案するか、さらに熟考して作成するとよい。

2　修文のポイント

① <u>2500万人を突破した。</u>　この数字について、右下コラムを参照されたい。

② <u>知名度が低いこと、観光資源に関するプロモーションの強化</u>　許容範囲かもしれないが、これらは「魅力あるまちづくり」そのものではない。「観光資源の発掘と魅力向上」などの内容のほうが題意にふさわしい。答案例のようにするなら、「一点目」「第一」に挙げるのでなく、「まちの魅力向上」について述べたあとで「知名度の向上」につ

いて述べるなどの方がスムーズである。

③　受け入れ体制が十分であるとは言いがたい　前の文と重複している。

④　市内の交通環境が不十分、市内の観光交通環境の整備　交通も柱として成り立つが、ブラッシュアップ論文のような設定も考えられる。

⑤　駅、店舗、公共施設等の英語・中国語・韓国語表示や…　ここでの記載としてはやや具体的すぎる内容になっている。

⑥　防災情報の多言語化　来日時における災害発生に備える趣旨と考えれば、「防災情報」は大事であるが、少し説明がほしい。

⑦　語学力を持つ市民　広く市民に語学力を高めてもらい、ボランティアの裾野を広げることも重要である。

⑧　観光マップを作成し、市内主要駅や観光案内所で配布する　既に行われているのではないか。より効果的な対策を提案したい。

⑨　おわりに　ブラッシュアップ論文では、市民にとっても魅力あるまちとすること及び自身の決意について述べたので、参考にしてほしい。

論文作成の知識・技術

【テーマを取り巻く状況把握】

　2023年の訪日外国人旅行者数は2506万6100人（推計値）だった。新型コロナウイルス感染症拡大により、2020年からの3年間は大きく数を減らしていたが、2023年4月の水際措置撤廃以降、右肩上がりで急回復を遂げ、単月では同年10月に初めて2019年同期比100％を超えた。年間累計では2019年比78.6％まで回復した。

　訪日客数を国別にみると、最多は韓国で、台湾、中国、香港、米国と続いた。2019年比の伸率は、高い順に、メキシコ、韓国、シンガポール、米国、ベトナムだった。欧米地域が伸び悩んだ要因に、ウクライナ情勢に伴うフライト時間増加が指摘されている。

　国内外からの市への来街者数については、各自治体の調査結果があればそれを把握し、参考にしたい。

A－6　来街者に魅力あるまちづくり

1　来街者に魅力あるまちづくりで地域活力創出を

　モノ消費からコト消費への人々の価値観の変化や国際化の進展に伴い、国内外からの観光客は増加傾向にある。新型コロナウイルスの感染拡大があり、観光客数は大きく落ち込んだが、コロナ前の観光客数を取りもどしつつあり、潜在する需要は大きい。本市において、内外からの旅行者を温かく受け入れ、地域経済や市民交流などの面で新たな活力創出につなげていくことは、本市にとって極めて重要な課題である。今後の人口減少社会においても都市の活力を維持するため、来街者にとって魅力あるまちづくりを推進することに積極的に取り組んでいきたい。

2　来街者に魅力あるまちづくりの問題点

　本市において来街者にとって魅力あるまちづくりを推進する上で、以下の三点の問題がある。

　第一点は、本市の魅力が発掘しきれていないことである。文化財や名産品は既に多く紹介され、来街者から評価されているが、他にもさまざまな魅力が眠っている。これらを発掘し、広く享受できるようにしたい。

　第二点は、とりわけ外国人来街者への受け入れ体制が不十分なことである。案内が理解しにくい、訪問先で言葉が通じないなど、本市は外国人観光客が快適に滞在できる環境になっていない。

　第三点は、せっかくの来街者が本市にとって一過性になってしまっていることである。来街者に魅力を体験してもらっても、それが次につながらない状況がある。

3　来街者に魅力あるまちづくりの取組

　来街者にとって魅力あるまちづくりのため、次の対策に取り組む。

　第一は、眠っている市内の魅力発掘である。本市の文化や歴史ある地域の魅力は奥が深く、食や工芸などの生活に根差した魅力はまだ多く存在する。そこで市は、文化や歴史の専門家とともに広く市民の参画を得て、野外調査やシンポジウム、ワークショップなどを実施する。また、

さらに多くの情報や意見を得るため、ホームページや来街者へのアンケート等を活用する。こうした事業を推進するため、市民と市が協働する組織をつくっていくことも検討したい。

第二は、外国人来街者の受け入れ環境の整備である。ハード面では、駅、店舗、公共施設等の表示の多言語化や誰にでも分かりやすいピクトグラム表示などを民間事業者等と連携して推進する。ソフト面では、市の魅力についての学習・研究会や語学力を高めるための市民講座等を開催し、市民の海外からの来街者対応力を高める。また、こうした中で、市民による観光案内ボランティアを育てていく。外国人の多様な価値観に配慮するため、宿泊施設や交通機関、店舗等の職員を対象に、世界の宗教や文化についての専門家による研修を実施することも進めていく。

第三は、来街者と市民の間で継続的な交流を図ることである。来街者には、市や市民との継続的な関係維持をお願いし、本市へのリピーター、また、本市の魅力の強力な発信者になっていただく。そのため、希望する方には、メーリングリスト等により、適宜、市の新しい情報を提供し、市への再訪や戻った地域や海外でのＰＲをお願いする。このような交流を市民レベルでも進めるため、市民へは、必要なノウハウと情報を積極的に提供していく。

4　来街者と市民に魅力あるまちづくりへ

私は、街の魅力が次々に発掘され幅広く享受されるとともに、来街者と市民が豊かに交流できるよう、市政のさまざまなポストで取り組んでいきたい。また、一人の市民としても、参加している地域活動を通して、国内外からの来街者の受け入れ体制の充実などで貢献していきたい。

「来街者に魅力あるまちは市民にとっても魅力あるまち」。本市において、このような姿が持続し、活力の源にもなるよう、精一杯取り組んでいく所存である。

(1,600字)

A−7 市民施設の管理・活用

> 【問】 本市の、今後の人口、市民意識、財政などの動向を踏まえ、市民交流施設、文化施設など、本市市民施設の管理・活用の方向について、あなたの考えを述べなさい。 （1,600字程度）

1 本市を取り巻く状況
①

　昨今、本市を取り巻く状況は厳しさを増している。市の人口は現在増加傾向にあるが、2022年をピークに減少方向に転じたものとみられている。また、高齢化率は2010年の約14％から2028年には約27％まで上昇すると予測されており、その結果、生産年齢人口が減少する。それに伴い、
②
③
税収も長期的には減少し、市財政は厳しさを増してゆくものと予測されている。
④

　このような状況下で、市民施設を効率よく管理・活用していくためには、市の持つハード・ソフト両面の既存ストックを最大限活用し、時代
⑤
と社会に合った施策を思い切って打ち出していくことが必要である。

2 市民施設の管理・活用上の問題点

　市はこれまでも公共施設の効率的な管理と活用のためにさまざまな施策を行ってきたが、依然として以下のような課題が残されている。
⑥

　第一に、多様化する市民のサービスへの需要に施設側が十分に応えら
⑦
れていない。これまでも、各施設でサービス内容を検討するに当たり、利用者の意見聴取等を進めてはいるが、集まる意見や表明者の数が限定的であり、幅広い需要を汲み取っているとは言いがたい。

　第二に、施設により利用のされ方にばらつきがみられる。各施設が開
⑦
設された当時から、人口の分布、住民の構成割合等が変化しているにもかかわらず、全市的な視点からの抜本的な見直しが行われておらず、各施設の配置、規模等が適正とは言えない。

　第三に、施設の多くが老朽化し、近い将来一斉に更新期を迎える。当
⑦
市の公共施設は、高度経済成長期に集中して建設されたことから、老朽化が進んでいる。これらを更新するための事業費は2016年頃から増大しており、すべての施設に必要な補修や更新をすることが困難な状況にある。

3　よりよい管理・活用のために

　これらの課題を解決し、市民施設をさらに有効に管理・活用していくためには、以下の方策を講じる必要がある。

　第一に、施設の運営に当たり、幅広い公共の担い手の関与を得る。市内すべての公共施設において、運用方法等の検討に際しては、施設利用者だけではなく、町会、自治会、商店会等、幅広い関係者の参画を求める協議会の設置を義務づける。また、市内に集積するさまざまな産業から、経営者等をアドバイザーとして各施設へ招聘するなどの仕組みを構築する。

　それにより、利用者目線のサービスの提供と民間の優れた技術やノウハウの吸収を図る。

　第二に、各施設の利用実態を把握し、施設の統廃合等を検討する。施設ごとではなく、稼働率、運営の状況等について、全市統一の基準を定めたうえで、各施設の利用状況調査を行い、現状を可視化する。それをもとに、市内全域でのサービスレベルの向上と均一化の視点から、廃止・縮小を含めた施設の統廃合を具体的に検討する。検討に当たっては、事業の所管を越えて遊休市有施設の活用を図るなど、縦割りにならないように考慮する。

　第三に、市内のすべての施設において予防保全型管理を推進する。これにより、更新時期の平準化と総事業費の縮減が実現する。具体的には、市が管理するすべての基盤施設について、的確な状況把握を図り、適切な時期に補修を行うなど、効果分析や投資力を踏まえた対策を行う。併せて、データベースの構築や劣化予測手法の開発、予防保全型管理を熟知したインハウスエンジニアの育成等を推進する。

4　聖域なき不断の見直しを

　地方分権の進展に伴い、自治体の果たす役割はますます重要になってきている。わが市を取り巻く状況は厳しいが、我々はこの厳しい状況下にあってこそ、公共施設のより効率的で効果的な運営と活用のため、聖域なき、不断の見直しを行っていく必要がある。

(1,540字)

A－7　市民施設の管理・活用

1　答案例の評価

理解力（題意を的確に受け止めて、適切に課題を設定しているか）
題意を十分に理解し、論点が提示されている。　　　　　　（★★★★☆）
提案力（的確な自らの解決策を具体的に述べているか）
３本柱により、概ね妥当な解決策が述べられている。　　（★★★★☆）
主体性（自らの問題意識に基づいた積極的な姿勢が表れているか）
自らの問題意識によって積極的に対策を提案している。（★★★★☆）
論理・表現力（論理的に、分かりやすく述べられているか）
「はじめに」「問題点の提示」「解決策の提案」「むすび」の流れは、論理的に整理されている。また、各文章も、論理的につながっている。文章は、概ね分かりやすく、読みやすい。専門的な用語などについては分かりにくくならないように注意したい。　　　　（★★★★☆）
その他、特に気づいたこと
全体的に、内容及び表現は適切である。用語などで分かりにくいものは平易な表現に改めるか、説明を加えるようにするとよい。⑧⑨は言い切っているが、問題の状況や実現性などを考慮して、慎重に扱うようにしたい。

2　修文のポイント

① 　本市を取り巻く状況　単に「本市」を取り巻く状況でなく、「本市の市民施設」を取り巻く状況について記述したい。

② 　2010年の約14％から　数字を少なくするならば、この部分は省略してよい。

③ 　その結果…　「併せて、生産年齢人口は減少する」といった表現が適切である。

④ 　ゆく　「いく」が通常使われる。

⑤ 　市の持つハード・ソフト両面の既存ストックを最大限活用し　興味

深い表現であるが、ここでは意味がよく分からない。

⑥　課題が残されている　以下の課題は「残されている」と言うには、大きな問題である。「課題がある」「課題に直面している」などの表現を考えるべきである。

⑦　第一に、第二に、第三に　柱立ての順序は、日々の運営の問題、長期的な問題、経営の問題と分かりやすくなっている。

⑧　協議会の設置を義務づける　「協議会」とはどのようなものか、分かりにくい。また、「義務づける」は、誰が誰にか、また対策として妥当であるか、不明である。

⑨　施設の統廃合等を検討する　この問題をどのように位置づけて述べていくかが一つのポイントである。**重要論点の扱い方**を参照されたい。

⑩　予防保全型管理、データベースの構築や劣化予測手法の開発、インハウスエンジニア　単語だけでは分かりにくいので、内容が伝わるように工夫する。

⑪　すべての基盤施設について　本問のテーマは「市民施設」である。

⑫　聖域なき、不断の見直しを…　このテーマにおいて、論文の終わりはこれがベストか。ブラッシュアップ論文を参照してほしい。

論文作成の知識・技術

【重要論点の扱い方】

　今日、「市民施設の管理・活用の方向」で重要な論点は、「施設統廃合を含めた施設のあり方」であろう。しかし、施設の統廃合はさまざまな観点からの検討が必要であり、住民、議会などの合意も不可欠である。こうした論点は、各自治体の実情などを十分に考慮して、慎重に考えて論述しなければならない。例えば、問題が「顕在化している（しつつある）」場合は「喫緊の課題」「直面する課題」などとして取り上げ、「今後問題になりそうだ」などの場合は「今後の課題」として取り上げるなどである。

A-7　市民施設の管理・活用

1　市民施設を取り巻く厳しい状況

　市の人口は、2022年をピークに減少に転じ、高齢化率は2028年には約27％まで増加するとされている。一方で、少子化はさらに進行し、生産年齢人口が減少する。税収は長期的に減少し、市財政は厳しさを増していくと予測されている。こうした中、市の有する市民施設には、利用率の低下や老朽化などの問題が生じている。

　将来にわたって、市が市民施設を適切に管理・活用していくことは、市民にとって必要な行政サービスを適切かつ安定的に提供していくうえで、極めて重要な課題となっている。

2　市民施設の管理・活用上の問題点

　市は、これまでも公共施設の管理・活用に当たってさまざまな施策を講じてきたが、今日、次のような問題に直面している。

　第一に、施設の運営について、多様化する市民の需要に施設側が十分に応えていない。これまでも、施設の運営に当たっては、利用者の意見等を聴いているが、集まる意見や表明者の数は限られており、幅広い需要を汲み取っているとは言いがたい。

　第二に、各施設は、開設された当初から、人口の分布や年齢構成等が変化しているにもかかわらず、全市的な視点からの抜本的な見直しが行われていない。そこで、施設の機能は従来のままにとどまり、施設の配置、規模等に不均衡が生じている。

　第三に、施設の多くはいわゆるバブル期に建設されており、近い将来、一斉に更新期を迎える。施設管理のための事業費は、老朽化により増大しており、今後、多額の財政負担が予想され、施設を一斉に補修・更新することは困難となっている。

3　よりよい管理・活用のために

　これらの問題を解決するため、以下の方策を講じる。

　第一に、施設の一層の有効利用促進のため、これまで以上に広く市民

の意見や要望を聴くとともに、市民の積極的な参画を得る。そのため、例えば、市民から意見を聴き、ともに利活用について検討する期間を集中的に設ける。また、利用者目線のサービス提供と優れた技術やノウハウを得るため、経験ある市民や企業・団体の経営者等から助言を得ることを検討する。平素における市民施設の運営については、市と施設利用者とともに、町会・自治会や商店会、地域のNPOなど、幅広い参画を求めていく。

　第二に、地域の人口動向や施設の利用実態を把握しながら、今後、施設が備えるべき機能などを明確にする。検討に当たっては、稼働率や運営状況などについて横並びの統一的な指標を設定し、施設全体を分かりやすく把握できるようにする。結果は広く公表し、市民の意見を聴きながら、施設ごとに充実を図るべき機能など、利活用の方向を探る。地域ごとの施設立地の不均衡については、施設の統廃合や機能の見直しにつながるので、将来にわたるサービスの充実と運営の効率化の観点から慎重に検討していく。

　第三に、市民への継続的で適切なサービス提供のため、対症療法でなく、予防保全型管理を推進する。すなわち、施設の定期点検などを通して的確な状況把握を図り、損傷箇所の現状と劣化の予測を行う。その上で、最も適切な時期を選んで計画的な修繕等を行う。このような対策を実施方針が整った施設から順次実施し、施設の寿命を延長させるとともに、更新時期の平準化と総事業費の縮減を図る。

4　果敢かつ熟慮を加えた的確な対応を

　地方分権の進展に伴い、自治体の果たす役割はますます重要になっている。我々は、市を取り巻く厳しい状況の中、直面する諸課題に対し、果敢かつ熟慮を加えた的確な対応を重ねていく必要がある。私は、本市が持つ貴重な財産である市民施設の適切な管理と有効な活用のため、こうした観点から積極的に取り組んでいく所存である。

(1,560字)

A－8 市民との協働推進

> 【問】 本市において、市民との協働をどのように推進していくべきか、その方策について、あなたの考えを述べなさい。
>
> （1,200字程度）

　近年、高齢化、防災、治安対策など、地域社会の課題が複雑かつ多様化してきている。これらの課題に対して、公平・画一的な行政サービスだけでは十分に対応できないケースが多くなってきている。その一方で、自主的にこれらの課題に取り組むＮＰＯや地域の活動団体が注目されている。
①

　そこで、市民活動団体が備えているノウハウや資源を活かし、行政と
①
ともに協働することにより、行政だけではなしえなかったきめ細やかで柔軟な対応を実施していくべきと考える。

　本市では、特に以下の三つの課題に対して、市民との協働を図るべき
②
と考える。

1　高齢化対策
　②

　近年、核家族化が進行し、一人暮らしの高齢者の数が年々増加しており、「孤独死」や介護の負担といったことが問題となっている。

　そこで、地域の協力により菓子づくり教室や講演会等を実施し、高齢
③
者の引きこもり予防を実施する。

　また、小・中学生を対象に地域の伝統や歴史を継承する取組として、
③
高齢者に語り部役を担ってもらい、高齢者が活躍できる場を提供する。

　さらに、高齢者を支える住民などに対し、地域の医療や介護の専門家
③
により、ワークショップを開催することで、自力で高齢者を支えるノウ
④
ハウを身につける機会を提供する。

　このように、高齢者が生き甲斐を感じられる場所を提供するとともに、
⑤
家族など高齢者を支える側の負担を考えた取組が必要である。

2　防災対策
　②

地震、洪水、豪雪などの災害が発生した時、初期に迅速な対応が図れるどうかが、被災者の生存に影響してくる。

そこで、地域の事業者、町内会、学校、消防署及び本市で防災協定を締結する。この協定では、行政が地域と企業との間に入り協議会を発足⑥し、災害時の連絡体制の構築や物資の提供方法等の具体的な運用方法を検討する。

また、検討した運用方法の実効性を検証するために、定期的な防災訓練を実施し、改善点等がある場合は、協議会において再度検討していく。

このように、地域の誰もが災害時に、迅速な対応がとれるように備え⑤ることが重要である。

3　治安対策
②
本市において、治安は向上しているものの、子供や高齢者を狙った犯罪は後を絶たない。

そこで、地域を巡回する事業者と連携し、仕事の合間に子供や高齢者を見守る「みんなで見守り連携事業」を実施し、地域全体でまちの安全・安心を築く体制を整える。また、全公立小・中学校の通学路や公園等に防犯カメラを設置する。この設置に当たっては、地域の事業者、町内会、学校、住民から、危険な場所や死角となる場所をアンケートや聞き取り調査により導き出し、効果的な防犯カメラの設置場所を選定する。

このように、ソフト・ハードを合わせた総合的な地域の治安対策を推⑤進する。

行政と市民が協働することは、新たな発想や新たな取組が実施されるなどの相乗効果を生み、よりよいまちづくりにつながっている。これか⑦らも本市としては、市民目線の行政サービスを実施していくためにも、柔軟に市民の意見・要望を取り入れていくべきであると考える。

（1,260字）

A－8 市民との協働推進

1 答案例の評価

> **理解力**（題意を的確に受け止めて、適切に課題を設定しているか）

「市民との協働をどのように推進していくべきか」という設問に対して、正面から述べる内容になっていない。 （★★☆☆☆）

> **提案力**（的確な自らの解決策を具体的に述べているか）

提案内容は、「高齢者対策」など課題ごとの事業例のようになってしまい、論者のテーマに対する考えが出ていない。 （★★☆☆☆）

> **主体性**（自らの問題意識に基づいた積極的な姿勢が表れているか）

「市民との協働」というテーマそのものについて考察を加えようとしていない。自身の「協働」への取組姿勢も不明である。（★★☆☆☆）

> **論理・表現力**（論理的に、分かりやすく述べられているか）

個々の文章は分かりやすいが、文章ごとの改行が目立ち、内容としても論理的な展開が感じられない。 （★★☆☆☆）

> **その他、特に気づいたこと**

市民との協働について、協働のあり方や方法などを正面から論ずることができないか、再度、検討したい。

2 修文のポイント

① NPOや地域の活動団体、市民活動団体　協働の相手方として、「市民団体」だけでなく「市民」も念頭に置きたい。

② 特に以下の三つの課題に対して、市民との協働を図るべき、高齢化対策、防災対策、治安対策　答案例の主要な部分が3課題についての取組の列挙になった。本問の「市民との協働をどのように推進していくべきか」との問いに対して、どのような協働のかたちがあって、それらをどのように進めるかなどについて、正面から論じたい。

③ そこで、また、さらに　こうした表現で三つ述べているのは悪くないが、これらは単に3課題についての協働事業例のようになっており、

「協働」ということについての論述がない。

④　<u>することで</u>　表現として「することにより」のほうが適当である。

⑤　<u>このように</u>　ここでの記述が「高齢化対策」のために必要な取組などになってしまった。あくまでも「協働」について述べるべきである。答案例の他の２か所も同様である。

⑥　<u>発足し</u>　文章のつながりとしては「発足させ」である。

⑦　<u>これからも本市としては</u>　ここまで、市民との協働についての自身の取組姿勢などが述べられていない。少なくともここでは述べたい。

論文作成の知識・技術

【与えられたテーマの明確化】

　「市民との協働」とは、市民と市が対等の立場に立ち、それぞれの役割のもと、共通する課題の解決や社会的に意義のある目的の実現のために連携・協力し合うことである。協働により、①市にとっては、ニーズへの迅速かつ的確な対応や価値の高いサービスを提供しやすくなる、②市民にとっては、懸案の問題について効果的な解決策を得やすくなる、などの効果が期待できる。「市民との協働」について述べるに当たっては、このような基本を押さえておく。

【必要な論点の洗い出し】

　市民との協働には、市民と市の関係の違いから、①市が主体となり市民の協力により行うもの、②市民が主体となり市が支援するもの、これらの中間として、③市民と市がそれぞれ主体的に連携・協力するものなどがある。論文においては、これらに着目して柱立てをすることが可能である。ブラッシュアップ論文では、上記の①及び②とともに「市民活動を支援するための環境整備」を柱とした。

A－8　市民との協働推進

　高齢化、防災、治安対策など、地域社会の課題が複雑かつ多様化している。これらの課題に対して、画一的な行政サービスだけでは十分に対応できないケースが多くなってきている。その一方で、自主的にこれらの課題に取り組むＮＰＯや地域の活動団体が注目されている。

　市は、市民や市民活動団体が持っているノウハウや資源を活かし、市民との協働を推進することにより、行政だけではなしえないきめ細かで柔軟な対応を実施し、当面する課題の解決と市民への価値の高いサービス提供を進めていくべきである。

1　市が行っている事業を協働化する

　市民との協働推進のための一つ目の方策は、市が行っている既存事業の協働化である。

　具体的には、実施中の事業について、市民の意向などを検証し、効果が大きく見込まれるところには協働を取り入れていく。また、市民から寄せられる意見の中に協働化のヒントがないか、検討していく。私が担当している事業の中では、高齢者を対象とした菓子づくり教室や講演会について、地域の協力を得ることによりさらに効果が上がるよう検討し、事業を充実させていきたい。

2　市民主体の事業を支援する

　市民との協働推進のための二つ目の方策は、市民主体の事業の支援である。

　具体的には、市民が実施している事業について、公共的な意義が大きなものには市が積極的に支援することにより、協働の輪を広げる。私の担当では、地域の伝統や歴史を継承するための高齢者による小中学生への自主的な語り部事業について、市民の方と相談しながら、他地域にも広げていきたい。また、市民が主体となる地域の課題解決策を提案して

もらい、効果が期待できる提案については経費の一部を補助するなどの仕組みをつくる。先行テーマとして、まずは高齢対策や防災など緊急性の高い事業から実施していくことが考えられる。

3　市民活動を支援する

三つ目の方策は、これらの環境整備としての平素における市民活動支援である。

具体的には、市民が自主的に活動するための場を確保する。市民センターやコミュニティ施設などの利用を促すことはもとより、今後は、空き店舗や空き家などの活用の中でも場を提供していく。また、市民に対してさまざまな市政情報を提供していくとともに、市政への市民参加を拡大していく。私の担当では、高齢者を支援する住民や団体を対象に、専門家を交えたワークショップなどを開催して、人的ネットワークの充実や相互交流の機会拡大などの面で支援していきたい。

市民と行政の協働は新たな発想や取組を生み出し、よりよいまちづくりにつながる。私は、市民目線の価値の高い行政サービスを提供していくため、担当する事業について市民の意見や要望をしっかりと受け止めながら市民との協働を進め、効果的な事業推進に取り組んでいく。

（1,200字）

B-1 業務改善

> 【問】 限られた財源で適切に市民ニーズに応えていくための業務
> 改善について、係長としてのあなたの考えを述べなさい。
> (1,500字程度)

1 今求められる業務改善
①

　日本経済は回復が足踏みし、予断を許さない状況となっている。こうした経済環境では市税収入の低下など市財政に与える影響は大きい。一方で、少子高齢化や環境問題、市民の安全や安心を求める声の高まりな
②
ど、市民の市政に対するニーズの高まりと多様化が顕著となっており、迅速かつ適切な対応が求められている。こうした中にあって、限られた財源で適切に市民ニーズに応えていくためには、市政における業務改善を積極的に推進していく必要がある。

2 業務改善を阻む課題
③

　業務改善を阻む問題点として、以下の点が挙げられる。
③

　第一に、組織間の連携が不足している点である。各係において、事務分掌に拘泥するあまり、担当業務以外に関心を持たないことが多い。こ
④
れでは、係同士の狭間の問題や複数の係が協同して取り組むべき問題などに適切に対応することができない。

　第二に、仕事の見直しが行われていない点である。業務を安定的かつ継続的に進めていくために業務手順書は必要であるが、固定化した業務
⑤
手順書に従っているばかりでは、効率的な仕事の進め方など新たな発見をすることはできない。

　第三に、市職員の自己啓発が不足している点である。日々発生する課題に適切に対応していくためには、職務経験のみではなく、幅広い知識が求められるが、業務に忙殺されるあまり、自己の見識を広める機会が
⑥
少なくなりがちである。

3 業務改善を進めるために

業務改善を進めていくためには、以下のとおり取り組む必要がある。

第一に、組織横断的に課題に取り組むことである。例えば、特定の課題について、他の係の職員と合同したプロジェクトチームを設置する。その検討結果は、各係の所管業務に照らして分担し、課題の解決を図る。こうした取り組みにより、多様化し複雑化する市政課題にさまざまな角度から解決策を提示することができる。

第二に、PDCAサイクルを活用することである。例えば、現在進めている仕事について、所要時間や経費などを指標にして評価を行い、改善すべき点を明らかにしたうえで、改善策を立案して試行し、業務手順に反映させる。また、想定していなかった課題を解決した際には、解決手法について業務手順書に反映させる。こうした不断の取り組みにより、安定的で迅速な課題解決を図ることができる。

第三に、市職員の自己啓発を推進することである。例えば、職員が職務に関連する資格を取得するための講習を受ける費用などについて、その一部を助成することが必要である。こうして学んだ内容は、係会などで報告する機会を設けて、係内で共有する。こうした取り組みにより、自らが担う職務を取り巻く環境について理解を深めることができ、業務改善につなげることができる。

4　市政の発展のために

市政において業務改善を進めることは、組織が成長し、より高い成果を発揮するために必要不可欠な取り組みである。さらには、業務改善を進め効率的な市政を推進することが、市民ニーズを踏まえた質の高い行政を提供することにつながるものである。

業務改善を行い、市政の改革を推進することはさまざまな困難を伴い、容易ではないが、私は係長として、率先して課題解決に取り組み、市政の発展を強力に推進する所存である。

(1,360字)

B−1 業務改善

1 答案例の評価

理解力（題意を的確に受け止めて、適切に課題を設定しているか）
業務改善を「組織間連携」「仕事の見直し」「自己啓発」で受けるのは可能であるが、題意を踏まえて今少し考えたい。　　　（★★★☆☆）
提案力（的確な自らの解決策を具体的に述べているか）
具体的な提案は制度的なものが中心である。係長として、職場の実情を踏まえた、平素において効果的に取り組めるような内容を充実させたい。　　　　　　　　　　　　　　　　　　　　（★★☆☆☆）
主体性（自らの問題意識に基づいた積極的な姿勢が表れているか）
業務改善に対する意欲はひととおり感じられるが、係長としての自らの主体的な問題認識や解決策が十分でない。　　　　　（★★☆☆☆）
論理・表現力（論理的に、分かりやすく述べられているか）
論理的な流れ自体は特に問題ない。文章は、極端な言い回しに注意したい。　　　　　　　　　　　　　　　　　　　　　　（★★★☆☆）
その他、特に気づいたこと
本問は「係長として」である。業務改善というテーマに対してどのようなスタンスで何を述べるか、ブラッシュアップ論文を参照されたい。

2 修文のポイント

① 　1　今求められている業務改善　　見出しはよいが、以下はテーマの導入として練れていない印象である。他でも使えるものではなく、題意に合わせて端的に述べたい。経済状況もより的確に述べたい。

② 　少子高齢化や環境問題…　　自治体にとって重要な課題ではあるが、「業務改善」という点からは、直接の関連性が薄いので、あえて述べなくてもよい。全体的に「1」の記述はポイントを絞る。

③ 　業務改善を阻む課題、業務改善を阻む問題点　　「課題」と「問題点」が混乱している。以下の記述は、「業務改善を阻む問題点」である。

　　　　Ｂ－８の【文章表現のポイント】（135頁）を参照されたい。

④　拘泥　別の表現で表せないか。

⑤　業務手順書は必要　現実の職場では「業務手順書」とともに「前例」を尊重する場合が多いので、これも踏まえて記したい。

⑥　業務に忙殺されるあまり　自己啓発が進まない理由は、業務の忙しさもあろうが、職員の意識や職場の雰囲気も大きな理由ではないか。なお、「忙殺」は極端な表現なので「忙しい」などで表せないか。

⑦　プロジェクトチームを設置　組織横断は、プロジェクトチームをつくらずとも日常的にできるのであり、こちらを論じるべきである。

⑧　こうした取り組みにより　３か所あるが、取組効果よりも取組の内容を充実させたい。なお、名詞で使う場合は「取組」とすることが多い。

⑨　所要時間や経費などを指標にして…　仕事の見直しの必要性は仕事の所要時間もあろうが、正確性や効果、仕事の重複などが重要。

論文作成の知識・技術

【与えられたテーマの明確化】

　業務改善とは何か。この意義や具体的なイメージをしっかりと持たないと、的を射た論文は作成できない。例えば、ある市においては、「業務改善は、職員一人ひとりが担当する業務に問題意識を持って取り組み、課題・問題を共有しながら、職場及び組織全体の事務の効率化や活性化を図るもの」としている。

【テーマを取り巻く状況把握】

　テーマに関連してわが国の経済基調を記述する場合、最新の情報としては、内閣府が毎月下旬に発表する「月例経済報告」が役立つ。例えば2024年１月報告は、「景気は、このところ一部に足踏みもみられるが、緩やかに回復している」とし、リスクに海外景気の下振れ、物価上昇、中東情勢、能登半島地震の影響を指摘した。

B-1 業務改善

1 今求められる業務改善

　わが国経済は新型コロナウイルス感染拡大などを受けて厳しい状況にあり、先行きも不透明である。こうした中で、市税収入は厳しい状況が続いている。限られた財源で適切に市民ニーズに応えていくため、市においては、業務改善を積極的に推進していく必要がある。

2 業務改善が進まない点

　業務改善は、職員一人ひとりが担当する業務に問題意識を持って取り組み、職場及び組織全体の事務の効率化を図るものである。しかし、本市の職場は、次のような点で業務改善が進まない状況もみられる。

　第一は、前例などが重視されるため、仕事の見直しが進まない。業務を安定的かつ継続的に進めていくために前例や業務手順書は必要であるが、職場においては固定化した前例などに従うことが多く、仕事の改善がおろそかになっている。

　第二は、組織横断による取組が不足している。各担当は、それぞれの業務にのみ注意を払ってしまい、担当同士の狭間の問題や、複数の担当が協同して取り組むべき問題などに適切に対応できないことも多くみられる。

　第三は、業務改善を実現していくための職員の意識が不十分である。職員が担当する業務を改善するためには、改善をしようとする問題意識が不可欠であるが、これが十分でない。

3 業務改善のための取組

　本市において業務改善を進めていくため、私は、係長として次のように取り組む。

　第一に、業務のPDCAサイクルを活用して、その段階ごとに仕事を見直す機運をつくる。すなわち、事業実施に当たっては、前例を参考としつつも、業務ごとに計画から見直しまでの手順を徹底する。具体的には、「実施の前」には前例から離れることも含め、実践的な計画をつく

り、事業の効率的執行を図る。「実施に当たって」は計画との乖離を把握し、必要な手順の変更などを行う。「実施後」には問題点や課題を整理して次の計画につなげ、必要に応じて業務手順書などを改定する。このようにして、業務の各段階での仕事の見直しを係長が中心となり着実に進めていく。

　第二に、このようなPDCAサイクルを活用して、組織間の連携強化に取り組む。すなわち、業務計画段階では関係する他の担当からもれなく意見を聞いて綿密に打ち合わせる、実施段階では担当を越えた相互協力をするなどである。これらを確実に実践するため、係においては、組織間の連携が十分であるかどうか、業務の段階ごとに係長を中心にチェックする体制をつくる。

　第三に、職場において職員の業務改善への意識向上を図る。具体的には、係内会議などで、業務改善の意義や必要性について訴え、時には課長や部長からも職員に伝えてもらう。その上で、係長率先のもとに業務の節目ごとの仕事の見直しを係を挙げて行う。見直しのできた成果や問題点などについて職員間で意見交換をし、その結論を共有する。職場においては、このような意識向上策に合わせて、ＯＪＴ、Ｏｆｆ－ＪＴを通して各職員の職務遂行能力を向上させる取組を行い、業務改善と職場全体の事務の効率化を推進する。

4　市政の発展のために

　市政においては、業務改善を進めることによって、組織がより高い成果を挙げることができ、市民に対してニーズに応える質の高い行政を提供することができるようになる。

　そのため私は、係長として係を統率して仕事の見直しを着実に進めながら職員の意識向上と職務遂行能力の向上に努め、職場全体の業務改善を推進し、広げていく考えである。

（1,450字）

B-2 職場のチーム力（主任の役割）

【問】 組織が最大の成果を挙げるよう、職場のチーム力をどのように高めていくか、その方策と主任の役割について、あなたの考えを述べなさい。 （800字程度）

　日本の行政組織は、限りある財源と人員のもと、住民の目線に立ち、
①
より実効性の高い施策を展開しなければならない。そのためには、職場
②
のチーム力を最大限に高め、組織として最大の成果を挙げることが必要
不可欠である。

　職場のチーム力向上を実現させるため、係長を補佐する主任という立
　　　　　　　　　　　　　　　　　　　③
場から、私は以下の３点に取り組む。

１　組織目標の明確化

　第一に、組織一体となって業務を進めるために、組織目標の明確化が
必要である。

　そこで私は、主任が主体となり、課内の事務担当者でPTを立ち上げ
　　　　④　　　　　　　　　　⑤
ることを提案する。PTでは、各係で抱える問題点や今後の業務に関す
る要望を出し合う。これらの意見を課長に提示し協議することで、課の
目標を共有し、生産性の高い業務運営を図る。

２　知識・ノウハウの共有化

　第二に、知識・ノウハウの共有化が重要である。各職員が自らの担当
業務のみ把握している状況下では、不測の事態が生じた際に、周囲の支
援を得られず業務に遅れが生じる。

　そこで私は、ベテラン職員や担当者の協力を得て、業務マニュアルを
　　　　　　　　　　　　　　　　　　　　　　　　　⑥
作成する。事務処理手順や事例集、Q＆Aを載せ、業務のノウハウが一
　　　　　　　　　　　　　　　　　　　　　　　⑥
冊で確認できるようにする。この取組により、すべての職員が未経験の
業務に対応することができるため、フォロー体制の構築につながる。

３　コミュニケーションの活性化

　第三に、職員同士で気軽に相談や話し合いができる組織風土を醸成するため、コミュニケーションの活性化が重要である。

　そこで私は、<u>毎朝15分間の朝会の実施</u>を提案する。朝会では、各業務
⑦
の進行状況や問題点を共有する。私が司会を務めることで、全員が話しやすい雰囲気をつくるとともに、業務に支障がないよう時間管理を徹底する。これにより、係内のコミュニケーションが活性化され、職場の一体感を高めることができる。

　私は、<u>係長を補佐する主任という立場から</u>、職場のチーム力向上に尽
③
力し、よりよい行政運営に貢献したい。　　　　　　　　　　　　（850字）

B－2　職場のチーム力（主任の役割）

1　答案例の評価

理解力（題意を的確に受け止めて、適切に課題を設定しているか）
題意は、概ね、的確に把握されていると言える。　　（★★★★☆）

提案力（的確な自らの解決策を具体的に述べているか）
提案内容は、課題達成のためには、効果が限られている。さらに効果のある提案を検討したい。　　　　　　　　　　　（★★★☆☆）

主体性（自らの問題意識に基づいた積極的な姿勢が表れているか）
主任の立場で論述されていることは評価できるが、今一度、主任が組織で果たすべき役割について、考察してほしい。　（★★★☆☆）

論理・表現力（論理的に、分かりやすく述べられているか）
文章表現は分かりやすく、論理的な筋も無理がない。　（★★★★☆）

その他、特に気づいたこと
表現力は備わっているので、提案として何を盛り込むべきか、主任はどのような役割を果たすべきか、内容を更に検討するとよい。

2　修文のポイント

① 　<u>日本の行政組織は</u>　「行政は」で差し支えない。

② 　<u>より実効性の高い施策…そのためには…</u>　この文章では「より実効性の高い施策」の展開が最終的な目的との記述になっている。設問の趣旨から、「最大の成果」のために「職場のチーム力を高める」との流れにしたい。

③ 　<u>係長を補佐する主任という立場から</u>　主任は、係長の補佐とともに、職場の中核として組織運営を支援する役割も期待されている。

④ 　<u>私は、主任が主体となり</u>　このように提案することは大変よい。

⑤ 　<u>課内の事務担当者でＰＴを立ち上げる</u>　ＰＴによる取組は臨時的になってしまうので、より恒常的な取組も提案したい。また、組織内で

「ＰＴ」の略語が一般的に使われている場合を除き、初出は「プロジェクトチーム（ＰＴ）」としたい。

⑥　<u>業務マニュアルを作成する、業務のノウハウが一冊で確認できるようにする</u>　「業務マニュアル」は有効であるが、それだけですべてがうまくいくような主張は、注意すべきである。

⑦　<u>毎朝15分間の朝会</u>　「朝会」だけでコミュニケーションの対策は十分にとれるか、注意すべきである。「朝」が重複しているので、「毎日15分の朝会」でよい。

論文作成の知識・技術

【与えられたテーマの明確化】（組織について）

　「チーム＝組織」と置き換えられる。ここで「チーム力＝組織力」とは、「構成員の単なる和以上の成果を挙げていく力」、すなわち「構成員の組織としての統合によってより多くの成果を挙げていく力」ということができる。このようなチーム力を考えていくに当たっては、「組織」とは何かを考えることが一つのヒントになる。近代管理論のバーナード（Chester I. Barnard）は、組織の３要素として「共通の目的」「協働の意欲」「コミュニケーション」を挙げた。組織が最大の成果を挙げていくためには、組織の３要素を最大限、有効に機能させると整理することもできる。

【必要な論点の洗い出し】

　組織の３要素を参考にすれば、例えば、次の三つを論点とすることができる。①共通の目的（あるいは目標）を設定し、その目的を構成員が的確に実現させる、②組織のために貢献しともに働こうとする意欲（モチベーション）を構成員が持つようにし、増大させる、③これらを達成するため、構成員相互のコミュニケーションを活性化させる。ブラッシュアップ論文では、①を二つに分け、③とあわせて三つの柱とした。

B-2 職場のチーム力（主任の役割）

1 成果を挙げるためのチーム力向上

　行政は、限りある財源と人員のもと、住民の目線に立って、より効果的で質の高い施策を展開していかなければならない。組織が最大の成果を挙げるため、係においては、チーム力を最大限に高めることが不可欠である。

2 チーム力向上のための取組

　職場のチーム力向上のため、私は主任として、次の3点に取り組む。

　第一に、係がチーム一体となって係の共通目標を達成するため、職員一人ひとりの分担業務と当面なすべきことを明確にする。そのため、係長と相談しながら、目標達成に必要な事務や解決すべき事柄を洗い出し、それを係員皆で分担していくよう、常に執行体制を確認し、整えていく。

　第二に、目標を効率的に達成するため、業務の進行管理を支援する。そのため私は、日頃から係内の各業務の進捗に気を配るとともに、進行管理会議の効率化のため、会議の場に的確な材料がそろうよう、職場での声掛けに努める。会議の場では皆の報告をよく聴き、業務効率化のために有効と考えることは積極的に発言していく。

　第三に、係のチームワーク向上のため、情報の共有化とコミュニケーションの円滑化を進める。具体的には、情報共有のための庁内LANの活用を徹底するとともに、必要な情報の漏れがないよう、係掲示板を常に整理する。また、朝会においては司会を務め、話しやすい雰囲気のもとに、日程確認などのほか、業務の問題点等の情報も交換していく。職場研修では、積極的に主催者や報告者となり、職員間での「知」の共有促進を図る。

3　主任として最大限に取り組む

　主任は、係長を補佐する役割と係の中核としての役割がある。私は、これらの役割を十分に認識し、係長と常に同じ問題意識を持ちながら積極的に行動し、職場のチーム力向上のため、最大限の努力をしていく。

（800字）

論文作成の知識・技術

【主任に求められる能力】

　主任には、職務に関しては、経験と研鑽を通した職務に精通した「職務遂行力」が求められる。ここでの「職務遂行力」は、主事に期待される以上のより高いものである。

　そのうえで、組織に関しては、職場の中核として積極的に職場のチームワークを担い、係長を補佐しながら組織運営を支援する「組織支援力」が求められる。組織支援は主事を含めてすべての職員に求められるが、主任には職場の中核として、より強く求められる。

　主任はまた、後輩職員などに自身が持っている知識・経験を伝え、助言するなどの「人材育成力」、市政全体との関わりを意識して職場の課題を発見し、改善の提案と事務の改善を行う「課題を発見し提案する力」が求められる。

　ブラッシュアップ論文は、これらの点を踏まえ論述したので、参照してほしい。

B-3 職場のチーム力（課長の役割）

> 【問】 組織が最大の成果を挙げるよう、職場のチーム力をどのように高めていくか、その方策と課長の役割について、あなたの考えを述べなさい。 (1,600字程度)

1 これからの行政運営について

今日、行政を取り巻く環境は大きく変化しており、回復基調の景気によって雇用情勢はバブル期を超える水準に高まっている。一方で、超高齢化・人口減少社会の進行や老朽化したインフラの更新など問題は山積している。

このような難局にあっても、複雑化・高度化する住民のニーズに応え、限られた財源と人材を活用して課題を解決していくため、次の3点から職員のチーム力向上が重要である。

第一に、職場が活性化し、困難な課題に対しても解決に向けて活発に創意工夫がなされる。その結果、一層の意識改革が進み、質の高い行政サービスの提供につながり、より多くの課題に対処することができる。

第二に、業務における職員同士の協力関係が構築されることにより、組織の生産性を向上させることができる。その結果、繁忙期においても、チーム全体で着実に事業を執行することが可能となる。

第三に、職員間での主体的な連携が生まれ、知識・ノウハウの共有が進むとともに、精神的にも支え合う人間関係が構築される。その結果、業務執行力が維持され、安定した行政サービスの提供に寄与できる。

2 チーム力の高い組織づくりに向けて

チーム力を向上させ、最大の成果を挙げられる組織をつくるため、以下の3点の方策について、課長の役割を果たしていく。

第一に、職員の心身の健康を維持し、職場を活性化させる役割を果たすため、ワーク・ライフ・バランスを職場全体の目標とする。

具体的には、係長級職員との職場全体の会議を設定し、現在の超過勤務の状況把握と超過勤務を低減することを共通認識とし、過度な超過勤務による心身への影響について理解を促す。また、職場に一斉退庁日を設けて、定時になったら各係に声掛けを行い、退庁を促すことに取り組む。

この取組により、職場全体で超過勤務を低減する意思統一を図り、退

庁しやすい環境をつくることができる。その結果、職員は健康を維持するとともに、職務に全力を発揮することができる。

　第二に、職場の事業の先を見据えながら、チームで対応していく仕組みづくりを行う役割を果たすため、事務処理を効率化する。

　具体的には、各係に対して、業務を優先度で区分し、スケジュールに照らして緊急性や重要性の高い課題ほど優先的に取り組むよう指示する。また、適宜事務手続を見直すことにより、業務を効率化する。余力が生じた係は、繁忙になっている係への応援をすることで係間の協力体制を構築する。

　この取組により、業務を計画的に処理でき、執行力に余剰を生み出すことができる。その結果、組織全体の生産性の向上や業務量の平準化につながり、突発的な問題が発生しても対応し得る組織を構築できる。

　第三に、人材育成の観点を踏まえた執行体制づくりの役割を果たすため、課内でのＯＪＴを推進する。

　具体的には、通常業務において、ベテラン職員と若手・転入職員が協力し合うペア制を導入する。困難な仕事を任されるベテラン職員にとっては負担が軽減され、反対に、若手・転入職員にとっては円滑に業務が進められるだけでなく、ノウハウの獲得やミスの防止につながる。

　この取組により、ベテラン職員から若手・転入職員へ知識・ノウハウが引き継がれ、組織全体の業務のボトムアップにつながる。その結果、行政サービスを安定的に提供でき、将来に向かって業務執行力を向上させることにつながっていく。

3　チームとともに成果を挙げるために

　行政に対するニーズはますます高度化・複雑化しており、住民の期待に応え続けていくためには円滑で迅速な業務運営を実現すると同時に、職員が互いに助け合い、活き活きと働けることが重要である。

　私は管理職として、職員の心身の健康面に配慮し、やりがいを持って職務に全力投球できる環境づくりを積極的に行っていく。そのために、職員と力を合わせて施策を前進させていく気概と熱意を持ち、困難な課題に対しても組織の先頭に立って挑み続ける決意である。　　　　（1,660字）

B-3　職場のチーム力（課長の役割）

1　答案例の評価

理解力（題意を的確に受け止めて、適切に課題を設定しているか）
十分でないが、全体として設問の趣旨を踏まえている。職場における「チーム力」とは何か、さらに考察して述べたい。　　（★★★☆☆）
提案力（的確な自らの解決策を具体的に述べているか）
提案内容が「チーム力向上」を図るうえでは間接的なものが多い印象が否めない。直接的に効果がある提案がほしい。　　（★★☆☆☆）
主体性（自らの問題意識に基づいた積極的な姿勢が表れているか）
管理職としての立場は踏まえられているが、具体的にはあまり記述されていない。　　　　　　　　　　　　　　　　　　　（★★☆☆☆）
論理・表現力（論理的に、分かりやすく述べられているか）
理解しづらい言いまわしが多くみられるとともに、「1」と「2」のつながりなど、論理的な展開で分かりにくいところがある。（★★☆☆☆）
その他、特に気づいたこと
「1」で述べられている論点と「2」で述べられている提案が合わないなど、主張が分かりにくい。論理展開に注意が必要である。

2　修文のポイント

① <u>これからの行政運営について</u>　述べるべきは「これからの行政運営について」でなく、組織にとっての「チーム力」の意義などである。

② <u>回復基調の…、このような難局</u>　前段の「雇用情勢」については、「難局」との関係が分かりにくいのでここではなくてもよい。

③ <u>職場が活性化し…、業務における…、職員間での主体的な…</u>　これらは状況説明の記述になっており、何が言いたいか不明である。

④ <u>チーム力を向上させ、最大の成果を挙げられる組織…</u>　以下の3点がチーム力向上のための精一杯の方策なのか、検討を加えたい。

⑤ <u>役割を果たすため</u>　3か所出てくるが、「役割を果たす」主語は何か不明なこともあり、何が言いたいのか分かりにくい。

⑥　ワーク・ライフ・バランスを職場全体の目標とする　提案の最初で
　もあり、より直接的な効果がある方策を述べたい。

⑦　超過勤務を低減する　超過勤務を低減するというのは、チーム力を
　高める方策としては間接的である感が否めない。

⑧　この取組により　以降のスペースを提言の充実に充てたい。

⑨　ペア制を導入する　ペア制は、適切に実施すればOJTや業務
　チェックのために有効であるが、限界もあるので注意を要する。

⑩　チームとともに成果を挙げるために　以下の論述には「チーム力」
　が出てこない。本問のキーワードであるので、明示したい。

⑪　管理職として、職員の心身の健康面に配慮し…　このような環境づ
　くりだけでなく、直接的な推進策に積極的に関わっていきたい。

論文作成の知識・技術

【課長に求められる能力】

　課長には、職務に関しては、職員の先頭に立って困難でより高
い課題を設定する「課題設定力」が求められる。受け身ではなく、
大所高所からの市政の置かれている状況など、自らの状況分析に
基づき、解決すべき課題を設定する力である。課長は管理職とし
て、主任、係長で求められる実行力よりは、組織が向かうべき課
題設定力が強く求められる。

　また、職務に関しては、最小の管理単位である課の長として
リーダーシップを発揮し、組織の力を発揮させるように職場を運
営するとともに、時宜にかなった判断や的確な指示をする「組織
運営力」が求められる。

　課長はまた、OJTの推進や自己啓発への支援など、職員が成
長するための機会を充実させ、職員が学び合う職場の環境づくり
を進める「人材育成力」、大所高所から状況をとらえ、強い意志
で改革を実行できる「改革・改善力」が求められる。

　ブラッシュアップ論文では、これらの点を踏まえて作成した。

B-3　職場のチーム力（課長の役割）

1　課題解決のチーム力

　今日、行政を取り巻く環境は大きく変化し、少子高齢化・人口減少の進行の中、大規模災害への備えも欠かせないなど、問題は山積している。このような難局にあっても、複雑化・高度化する住民のニーズに応え、諸課題を解決していくためには、組織が最大の成果を挙げるよう、職場のチーム力を高めていくことが不可欠である。

2　チーム力の高い職場づくりの課題

　職場のチーム力を高めていくための課題は、次のとおりである。

　第一は、困難な事態においても適切に対応できる組織をつくることである。組織は、通常時はもとより、予期しない状況等が生じたときにもできうる限りの対応により、求められる成果を挙げなければならない。

　第二は、組織目標を確実に達成するため、職員の力を統合することである。そのためには、目標を明確にするとともに、業務の進行管理を適切に実施することが不可欠である。

　第三は、職員の強い協力関係を構築し、組織の生産性を向上させることである。組織が最大の成果を挙げるための基礎はその執行体制にあり、その中での最大のポイントは、職員同士が協力し合うことである。

3　チーム力を高める具体的方策

　職場のチーム力を高めるため、私は、次の方策をとり、課長の役割を果たしていく。

　第一は、困難な事態に適切に対応し、職場が最大の能力を発揮できるよう、組織を統括するリーダーシップを発揮することである。

　先の新型コロナウイルスの感染拡大や大規模な災害時を含め、困難な局面において重要なのは、解決すべき問題の適切な把握と利用可能な人的資源などを活かした有効な対応策の構築である。そのためには、職場は、必要な調査・企画力、情報共有力、仕事の迅速性などを発揮することが重要である。私は、困難な事態においても組織がこのように機能するよう、適切にリーダーシップを発揮するとともに、平素においては、

起こりうる変化にも注意しながら、職員との意思疎通、会議、ＯＪＴなどさまざまな機会においてこの考え方を実践し、高いチーム力の構築に努める。

　第二は、目標を明確にし、その達成のための進行管理を徹底することである。

　目標は、平素はもとより、さまざまな状況変化の中でも明確化し、職員と共有する。進行管理は、形式にとどまってはならず、実質的に効果が発揮されることが大切である。そのため、私は、進行管理の場においては、遂行上の障害などを正しく報告するように指導する。また、提起された問題を一つひとつ解決していくとともに、状況によっては目標への到達手段を変更し、より迅速・確実に目標達成できるよう、適切に運営していく。

　第三は、課題解決に向けて職員の力を総動員するため、職員同士の協力関係を強化することである。

　組織の力を職員の力の和以上とするためには、職員の協力が不可欠である。そのため、私は、通常業務はもとより、例えば、課が実施する住民説明会など多くの職員が関わる業務の機会をとらえ、皆で取り組む雰囲気をつくる。また、日々の業務に関する情報を適切に共有するほか、職員が持つ仕事に役立つ知識やノウハウなども、先輩から若手職員などへの伝達が積極的に行えるよう、皆でＯＪＴに取り組んでいく。

4　高チーム力組織への管理者の役割

　行政が市民の期待に応え続けていくためには、直面する行政課題を適切に解決していくことが求められ、そのための管理職の役割は極めて大きい。また、困難な事態において組織を高いチーム力に導くことは、管理職に特に求められる重要な役割である。私は、職員の協力関係や業務の進行管理などを通して職場の強い結束をつくり、市が直面する諸課題に取り組んでいく。どのような困難な局面にあってもチーム力が存分に発揮できるよう、日々、着実に取り組んでいく所存である。　　　（1,580字）

B−4　係長のリーダーシップ

> 【問】　係を統括する立場から、係長のリーダーシップのあり方と、特に重要と考える日頃の取組について、あなたの考えを具体的に述べなさい。
>
> （1,200字程度）

1　係長のリーダーシップの必要性
①

　少子化・高齢化の著しい進行や医療環境や年金制度などの変化など、
②
行政を取り巻く社会環境は大きく変化してきている。加えて、景気動向の不透明による行政に対する期待感の高まりや住民の行政参画意識の高まりなど、住民の行政ニーズは複雑かつ多様化してきている。

　このような状況の中、組織の最小単位である係は広範囲で複雑化している行政課題に対し、適時適切に対応していかなければならない。その
係を統括する立場である係長は、組織が抱えている課題を的確に把握し、
③
係員を統率して、それらの課題に適切に対応し組織目標の実現に向けて取り組んでいくため、リーダーシップを発揮していく必要がある。

2　係長のリーダーシップのあり方
①

　係長としてリーダーシップを発揮していくために日頃から以下の点を
心掛けていくことが重要である。
④

　第一に、組織全体が取り組むべき目的や現在の課題を把握することで
⑤　　　　　　　　　　　　　　　　　　　　　　　　　⑥
ある。つまり、係の目標や取組が組織全体の目指すべき方向と異なっていては、日々の仕事への取組が組織目標の到達につながることは困難で
⑦
ある。それに対し、日々変化する社会情勢に対し、組織がどのように対
⑧
応すべきかという大局的な視点で課題をとらえるとともに、管理職の発言や行動に注視することで組織の課題の軸を外さないように心掛ける。

　第二に、組織目標をブレイクダウンし、担当する事務事業のビジョン
⑤
や目標を的確に設定し、明確に部下に示すことである。適切な係の目標を設定し、それを明確に伝えることができなければ、組織目標の達成は

難しい。それに対し、目標設定は具体的なものとし、「何をどこまで実
施するか」を明確にする。また、それを部下に伝える際にも組織全体の
目標との関係を明らかにして職員のやる気の向上を図るようにする。

　第三に、部下をまとめ、目標に向かわせることで目標に到達させるこ
とである。実際に事務に取り組む部下がやる気を出して仕事に取り組ま
なければ組織目標の達成は困難である。それに対し、一定の裁量を与え
て仕事に取り組ませる一方で、部下の行動に目を配り、適時、アドバイ
スを行う。また、裁量の範囲内で失敗したとしても対外的には部下を守
り、部下との関係において失敗の原因をともに考えることで同じ失敗を
繰り返さないよう配慮する。

3　係長としてリーダーシップを発揮するために

　刻々と変化する社会情勢の中において、迅速かつ的確に多様な住民
ニーズに対応していくためには、職員一人ひとりの取組だけでなく、そ
れを統括していく係長の役割は非常に大きなものである。つまり、係長
は、部下に対しリーダーシップを発揮して係を統括し、組織全体の目標
達成のために自らの係が所管する事務事業を進行管理して、しっかりと
その目的を果たしていかなければならない。

　私は係長という立場で、組織全体の目標達成に向けて、前述した取組
を日々心掛けて係のリーダーシップを発揮していけるよう努めていく。

（1,250字）

B-4 係長のリーダーシップ

1 答案例の評価

理解力（題意を的確に受け止めて、適切に課題を設定しているか）
「係長のリーダーシップ」という設問からみて記述範囲はやや狭いが、一応の範囲はカバーしている。　　　　　　　　　　　　　　（★★★☆☆）
提案力（的確な自らの解決策を具体的に述べているか）
「係長のリーダーシップ」として、今少し広い内容を提案したい。 　　　　　　　　　　　　　　　　　　　　　　　　　　　　（★★★☆☆）
主体性（自らの問題意識に基づいた積極的な姿勢が表れているか）
「リーダーシップを発揮するために心掛けていく」「目的や課題を把握する」など、もう少し強く言いたい箇所がみられる。自らの考え、取組をきっちりと主張したい。　　　　　　　　　　　　　（★★★☆☆）
論理・表現力（論理的に、分かりやすく述べられているか）
論理的な道筋は備えている。全体的に分かりやすい表現であるが、分かりにくい接続の仕方や、冗長な表現、こなれない表現もみられる。 　　　　　　　　　　　　　　　　　　　　　　　　　　　　（★★★☆☆）
その他、特に気づいたこと
「係長のリーダーシップ」は基本的に重要なテーマであるので、どのような内容を述べるべきか、さらに検討しておきたい。

2 修文のポイント

① 　1　係長のリーダーシップの必要性、　2　係長のリーダーシップのあり方　設問が「係長のリーダーシップのあり方」と「特に重要と考える日頃の取組」であるので、柱立てもこのようなものとしたい。

② 医療環境や年金制度などの変化など　冒頭には、やや具体的すぎる例示である。ブラッシュアップ論文では、「1」をより題意に沿うよう作成してみたので、参照されたい。

③ その係を統括する立場…　以下が長くなっているので、整理したい。

④ 心掛けていく… ここでは、「…に取り組んでいく」などとしたい。
⑤ 第一に、第二に、第三に このような三つの柱立てでよいか、再検討したい。
⑥ 把握する 係長のリーダーシップとして、「把握」だけでは不十分である。目的に向かって課題を解決するための「行動」が必要である。
⑦ 到達につながることは困難 内容からみると、「到達につながらない」である。
⑧ それに対し 分かりにくい。「そこで私は」などとしたい。
⑨ 係のリーダーシップ 「係長としてのリーダーシップ」の誤りか。

論文作成の知識・技術

【必要な論点の洗い出し】

　「リーダーシップの発揮」は、準備しておくべき論文テーマであると同時に、日々の業務遂行の上でも押さえておくべき重要なテーマである。そこで、この内容をあらためて考え、必要な論点を検討してみる。

　「リーダーシップ」は、「部下など他の人を従わせること、またはその地位や能力・資質など」といった意味である。そこで、「係長としてのリーダーシップ」は、「係長としてどのように係を統率していくか」という意味でとらえられる。ブラッシュアップ論文も参照されたい。

　柱立ては、「①仕事の統制（目標、計画、進行管理など）、②係内をまとめる（コミュニケーションなど）、③他の係や上司等との調整」とする方法や、「①目標設定、職員へのブレイクダウン、②効果的な目標達成（計画、進行管理など）、③係内をまとめる（コミュニケーションなど）」とする方法などがある。次のブラッシュアップ論文では、後者の柱立てにより、作成した。

【係長に求められる能力について】

　150頁参照。

B-4 係長のリーダーシップ

1 係長のリーダーシップのあり方

　組織におけるリーダーシップは、「必要な時において組織構成員をリードし、組織を適切な方向に導くこと」と言うことができる。したがって、係長は、係という組織の長として、係を取り巻く状況に変化が起きた時はもちろん、平素においても、係を常に適切な方向に導いていけるよう心掛け、タイミングを失することなく係の先頭に立って職員をリードしていくことが求められる。行政を取り巻く環境が大きく変化し、さまざまに複雑化している今日、組織の目標を達成していくためには、こうした係長のリーダーシップが不可欠である。

2 リーダーシップを発揮する特に重要な取組

　私は、日頃において、業務の推進と職場の管理に気を配り、次のようにリーダーシップを発揮していく。

　第一に、係の指針たる目標を常に明確に提示する。

　どのように環境が複雑であっても、係の目標があいまいでは日々の努力は組織目標の到達につながらない。また、変化の時こそ目標の明確化が重要である。そこで私は、係を取り巻く状況変化を常に意識し、課長と意見交換等を行いながら、係の目標が常に的確であるよう注意を払い、共有する。こうした目標は、最終的な年間目標だけでなく、日々変化するより短い期間の当面の目標も設定し、職員の具体的な行動計画につなげる。目標は具体的に「何をどこまで実施するか」について設定し、業務の円滑な推進を図る。

　第二に、このような目標を達成するため、業務の進行管理を徹底する。

　そのため、業務実施に当たっては、まずは目標達成のための仕事のスケジュールと手順を明確にするよう徹底する。そのうえで、私は、業務の進捗状況をこまめに把握し、必要に応じて職員を指導し、仕事の進め

方を最適化していく。なお、事業実施後には早期に事業の成果と問題点を職員とともに振り返り、次の企画に反映させる。

　第三に、職員を束ね、係内の円滑なコミュニケーションを確保する。

　そのため、事業の目標や課題、解決策、作業方針などの重要事項は係会で明確に伝える。また、職員の日程や係の方針などは分かりやすくまとめ、係内で共有する。各人が直面している問題などについて職員と気軽に話をし、解決の方向が見出せるよう、普段の声掛けに努める。コミュニケーションの円滑化のため、定例・臨時の係会、掲示板や庁内ＬＡＮ、資料やメモの回覧、随時の声掛けなど、さまざまな方法を積極的に活用していく。

3　市民サービスのためにリーダーシップを

　変化する社会情勢の中、迅速かつ的確に多様な住民ニーズに対応していくためには、職員一人ひとりの積極的な取組を統括する係長の役割が極めて重要である。私は、係長という立場で係の目標を確実に達成し、市民に適切なサービスが届くよう、前述した取組を日々実行し、係の中でリーダーシップを発揮していく。

（1,220字）

B-5 適切な住民対応

> 【問】 本市が市民にとって満足できるサービスを提供していくために
> は、住民に最も近い組織である係はどのように住民対応を
> 進めていくべきか、あなたの考えを述べなさい。
>
> (1,200字程度)

1 現在求められる住民対応
①

時々刻々と変わっていく税制度や、電子化された個人情報のセキュリ
②
ティ確保の問題等、昨今の行政課題は複雑かつ多岐にわたるものとなっ
ている。行政課題が複雑になればなるほど、住民にとって行政サービス
は分かりにくいものとなり、その分かりにくさからくる行政への不快
感・不信感により、サービスに対する満足度も低くなってくる。

住民に最も近い組織である係は、住民からの信頼を得て、かつサービ
スに満足感を持ってもらえるように、住民の立場に立ちながら、丁寧で
分かりやすい住民対応を行っていく必要がある。

2 住民対応における課題
③

丁寧で分かりやすい住民対応を行うに当たっての課題は、以下の3点
④
である。

第一は、住民に不快感を与えない適切な接遇を係員一人ひとりが身に
つけることである。どれだけ分かりやすい説明ができたとしても、接遇
⑤
面で住民に不快感を与えてしまえば、満足のいくサービスを提供できた
ことにはならない。

第二は、行政特有の業務の縦割りによる弊害を極力少なくすることで
⑥
ある。住民対応の現場では、住民が窓口や電話でひとしきり要件を説明
⑦
した後に、所管が違うという理由で別の部署を案内され、何度も同じ説
明をするということが少なくない。これは当然のことながら住民にとっ
てかなりの手間であり、サービスに不満を抱く大きな要因となっている。

第三は、住民から得られた生の声を、組織全体に還元することである。
行政の最前線である係で得られた住民の声をしっかりと組織全体に発信
⑧
することで、組織全体のサービス向上につなげることができる。

3 課題解決に向けた取組

以上で挙げた課題を解決するためには、次の取組が必要と考える。

第一に、研修等によって、正しい接遇方法についての知識を身につけ_⑨ることである。また、身につけた知識は実践することが重要でもあるため、職員が自ら進んで実践したくなるような仕組みをつくることも重要である。各部署で優れた接遇の事例を共有し、特に優れた事例については表彰を行うなど、職員の接遇意識が高まるような工夫が必要と考える。

第二に、どの部署でどのような行政サービスを行っているのかの案内を分かりやすくすることである。電話であれば、いきなり特定の部署につながるのではなく、事前に音声案内を行い、適切な部署につながるようにするだけで、誤った部署で何度も同じ説明をすることを防ぐことができる。窓口であれば、部署名のみの表示ではなく、その部署でできる具体的な手続き等を併せて表示すべきである。また、手続きが複数部署にわたるような場合は、それらの部署を同じ階や、隣合わせに設置する等の配慮も必要と考える。

第三に、普段の業務の中で得られた住民の声や、アンケートなどの結果をもとに業務改善の提案を行うように呼び掛けることである。これについても接遇の話と同様に、優れた提案を各部署で共有し、表彰等のインセンティブを設けることは重要と考える。

4 満足できるサービス提供のために

上記の取組を実現し、質の高いサービスを提供していくためには、自分の係のみならず、部署の垣根を飛び越えた、他の係との連携が必要となってくる。まずは自分の係が率先垂範してさまざまな事例、提案の発信を行い、組織全体を巻き込んだ動きを起こせるよう、係長として尽力していく所存である。

（1,420字）

B-5 適切な住民対応

1 答案例の評価

理解力（題意を的確に受け止めて、適切に課題を設定しているか）
題意をよくとらえて課題と取組につなげている。　　　　（★★★★☆）

提案力（的確な自らの解決策を具体的に述べているか）
「研修」「音声案内」「業務改善の提案」など具体的な提案の中に考察が不十分とみられるところがあるので、注意が必要である。 （★★★☆☆）

主体性（自らの問題意識に基づいた積極的な姿勢が表れているか）
全体の記述の中で主体性を感じ取ることはできるが、係長自らの姿勢や取組について、具体的に述べるとさらによい。　（★★★☆☆）

論理・表現力（論理的に、分かりやすく述べられているか）
論理的な構成や流れ、文章の表現力は十分に備わっている。大幅な字数オーバーは、減点だけでなく「論理・表現力」にも影響するので、注意。　　　　　　　　　　　　　　　　　　　　　（★★★☆☆）

その他、特に気づいたこと
全体としてよくまとまっており内容も妥当であるので、具体的な提案においては、必ず行うべきこと、できれば実現したいことなどを分けて述べるようにするとよい。

2 修文のポイント

① 現在求められる住民対応　「丁寧で分かりやすい住民対応の必要性」など、ここではこの柱の中で書かれている内容を表題として表したい。

② 時々刻々と変わっていく税制度　税制度なので、「年々」くらいが妥当である。

③ 住民対応における課題　題意を受けた表現としたい。

④ 丁寧で分かりやすい住民対応を行うに当たっての課題　題意をこのように変えない。論ずべきは「住民が満足できるサービスを供給するための住民対応」であるので、こちらの文言を使う。

⑤　分かりやすい説明ができたとしても　「正確ならよし」とする行政が陥りやすい誤りを踏まえ、「どれだけ誤りのない対応ができたとしても」などとするほうが適切である。

⑥　業務の縦割り　冒頭では行政サービスが複雑になったとの問題を指摘しているので、これを受けたい。

⑦　要件　この場合は「用件」。誤りやすいので注意を要する。

⑧　住民の声をしっかりと組織全体に発信する　声を「発信」するのが最も必要なのではなく、声に「対応」することがまず必要である。

⑨　研修等によって　この「研修」は「座学」であろうか。「等」とは何か。どのような研修をするのかが重要であるので、それを述べたい。

⑩　正しい接遇方法についての知識　適切な接遇のためには、単に「知識」を身につけるだけでは不十分である。

⑪　事前に音声案内　音声案内は費用や時間、市役所全体の体制などの点で直ちにできることではないので、それを踏まえて提案したい。

⑫　業務改善の提案を行うように呼び掛ける　「呼び掛ける」のでなく、「改善する」ことが必要である。

⑬　これについても接遇の話と同様に　「同様」ですますのでなく、この事項独自の提案をしたい。

⑭　まずは自分の係が率先垂範して　一歩踏み込んで、係長としての自身の姿勢や取組を記述したい。

論文作成の知識・技術

【必要な論点の洗い出し】

　適切な住民対応の論点としては、「接遇の向上（言葉、態度など）」「電話、窓口での分かりやすい対応（業務の理解、説明方法、住民への表示など）」「誰もが適切な対応をできるようにする（情報共有、マニュアルの整備、不在担当者との引継ぎ・連絡体制など）」「住民の声の反映」などがある。答案例、ブラッシュアップ論文では、一つ目、二つ目、四つ目を取り上げた。

B-5 適切な住民対応

1 複雑化した環境下での住民対応の重要性

　毎年のように変わる税制度や、電子化された個人情報のセキュリティ確保等、職場を取り巻く課題は複雑かつ多岐にわたる。住民にとって行政サービスは分かりにくくなっており、住民に最も近い組織である係は、サービスへの満足を確実に得ていくため、住民の立場に立ちながら丁寧で分かりやすい対応を行っていくことが強く求められている。

2 満足が得られるような住民対応の課題

　住民に満足を持ってもらうための課題は、以下の3点である。

　第一は、住民に不快感を与えない適切な接遇を係員一人ひとりが身につけることである。どれだけ誤りのない対応ができたとしても、接遇面で住民に不快感を与えてしまえば、満足のいくサービスは提供できない。

　第二は、業務の複雑さや縦割りによる弊害を少なくすることである。現場では、住民が電話や窓口でひとしきり用件を説明した後に別の部署を案内されることも少なくない。

　第三は、住民から得られる生の声をサービス改善に活かし、組織全体に広げることである。住民の声を行政に反映させなければ、住民にとって満足なサービスは提供できない。

3 適切な住民対応のための取組

　以上の課題を解決するためには、次の取組が必要である。

　第一に、研修と研鑽によって正しい接遇を身につけることである。望ましい接遇は状況によって異なるため、座学だけでなく、先輩職員や係長によるOJTが有効である。私は、接遇のOJTを率先して実践する。また、住民との間であったことを次の日の朝礼などで紹介してもらい、内容によっては反省・教訓とし、よい事例は互いに認め合うこととする。

　第二に、住民への案内を分かりやすくすることである。電話であれば

用件をよく聞き、適切な部署につなげる。来庁者に対しては、サービス対応の分かりやすい案内を入口や窓口などに表示し、適宜、印刷したものも用意する。手続きが複数部署にわたる場合は、同一フロアで窓口を近づけられないか検討する。私は係長としてこれらの対策をリードするとともに、係間連携が必要な事案については、係長会議で提案するなど、積極的に対応する。

第三に、普段の業務の中で得られる住民の声やアンケートなどをもとに業務改善を行う。電話での応対、窓口での態度、庁内表示など、住民の声を活かして積極的に対応する。また、住民からの声は各自が必ずメモを取るようにし、その内容はもらさずに係会で検討するなど、確実かつ迅速に対応できる体制をつくる。

4　係から、課・所へ

住民にとって質の高いサービスを提供していくためには、自分の係のみならず、部署の垣根を越えた連携が必要である。私は、まずは、自分がリードして係での改善に取り組み、それを課や所の動きとして発展させるよう、係長として尽力していく所存である。

(1,200字)

【問】 組織目標を達成するため、職員のモチベーションをどのように高めていくか、あなたの考えを述べなさい。　（1,600字程度）

1　モチベーションの重要性

　人口減少や高齢化の進行、社会経済情勢の変化等、自治体はさまざまな行政課題に直面することが想定されている。また、価値観やライフスタイルの変化に伴い住民ニーズも多様化している。こうした課題やニーズに、限られた職員で迅速かつ的確に対応していくためには、各職場において組織としての能力を最大限に発揮することが不可欠であり、その基礎となるのが職員のモチベーションである。

2　モチベーション低下の原因とリスク

　しかし、各職場において、職員のモチベーションは十分に高まっているとは言えず、その原因には、以下の点が挙げられる。

　第一に、業務の高度化、複雑化等により、各職員の業務が細分化されており、自らの業務の意味や組織における自分の存在意義等を見出すことが困難な状況にある。そのため、職員は業務を単に作業とみなし、組織目標の達成に向けて効率的に仕事を行うことが難しくなっている。

　第二に、手続きの厳格化やマニュアルの詳細化等により、各職員は正確な作業が求められており、ミスの発生を恐れて委縮し、自らの発想に自信を持てない状況にある。そのため、職員は業務範囲の限定や指示待ちの姿勢が生じ、業務改善や新規事業の開発などが十分に行えなくなっている。

　第三に、コロナ禍におけるコミュニケーションの不自由さの影響がいまだに払拭できず、各職員は同僚や上司とのコミュニケーションが従来のようにスムーズでなく、業務上の不安等を容易に解消できない中で仕事を進める状況にある。そのため、職員は孤立感を覚え、業務効率が低下するとともに、組織としての推進力も失う恐れがある。

3　モチベーション向上に向けて

　これらの原因を解消し、職員のモチベーションを向上させるため、私は以下の方策を講じていく。

　第一に、職員の働く目的を明確にする。具体的には、組織として達成すべき使命や事業のビジョン、これに対する担当業務の関連性や必要性を共有した上で、各職員に目標を設定してもらう。また、各職員の目標にはステップを踏むための到達可能な小さな目標も合わせて設定する。これらにより、職員が組織に対して誇り持って同じ方向を向いて仕事を進めるとともに、達成感を得ながら確実に業務を遂行することができる。

　第二に、職員が自律的に仕事を行える環境を整備する。具体的には、各職員が自分の意思や判断で仕事を進められるように、前述の小さな目標の達成に必要な範囲で段階的に権限を委譲する。また、経過報告の期日や内容の目論見を記載した業務計画書の導入など業務進捗管理も工夫し、途中のプロセスも大幅に職員に委ねる。これらにより、職員の仕事への意欲を活用するとともに、自発的に考える力や仕事への責任感を育成していく。

　第三に、職場のコミュニケーションを活性化する。具体的には、定期的にオンラインで係内会議を開催し、業務進捗や課題などを共有する。会議では他者の発言には常に肯定的に対応することをルールとするなど、職層に関わらないフラットな議論を可能とする。また、他部署の職員をオブザーバーとして招待するなど、横のコミュニケーションも活性化する。これらにより、柔軟な発想による課題解決を可能とするとともに、組織としての一体感を形成する。

4　変化に対応するために

　今後、自治体を取り巻く状況は厳しさを増し、働き方改革などで職場環境も変化していく。こうした中で、満足度の高い行政サービスを提供するためには、我々は従来の仕事の進め方を見直し、組織が一丸となって課題に取り組むことが必要である。

　そのためにも、私は、一人ひとりの職員が高いモチベーションで仕事ができるように、率先してさまざまな取組を実践していく考えである。

（1,640字）

B-6 職員のモチベーション向上

1 答案例の評価

理解力（題意を的確に受け止めて、適切に課題を設定しているか）
課題の趣旨と問題点を適切に把握しており、理解力は高いといえる。 （★★★★☆）

提案力（的確な自らの解決策を具体的に述べているか）
さらに焦点を問題点に合わせたほうがよいところもあるが、重要な3つの視点から述べられ、その記述内容も的確といえる。 （★★★★☆）

主体性（自らの問題意識に基づいた積極的な姿勢が表れているか）
自らが取り組もうとすることについて、分かりやすく書かれている。なお、提案などがやや一般論になってしまった印象が否めないので、下記の「その他、気づいた点」を参照のこと。（★★★☆☆）

論理・表現力（論理的に、分かりやすく述べられているか）
文章は分かりやすく、構成も統一的に整理されているので、論理の流れもみえやすい。（★★★★☆）

その他、特に気づいたこと
論文の内容自体はよいので、一般論との印象を与えてしまわないよう、自身の係での問題点とそれへの対応との視点で述べるとより主体性が増す。ブラッシュアップ論文を参照のこと。

2 修文のポイント

① 直面することが想定されている 「直面している」でよい。

② 対応していくためには 題意をとらえて「組織目標」という言葉を入れるのもよい。

③ 各職場において組織としての能力を最大限に… モチベーションの意義を簡潔に示し、書き出しとしてスムーズである。

④ 細分化されており 論文では細分化自体をなくしていくなどの主張をしていないので、ブラッシュアップ論文では「細分化を背景とし

て」と位置づけた。

⑤ 　見出すことが困難な状況にある　「困難な状況も見受けられる」くらいの表現が適当か。

⑥ 　効率的に　論述の流れからは「主体的に」「積極的に」などが適当か。

⑦ 　新規事業の開発　問題点がやや狭くなる印象なので、「新しい発想による業務推進」などが適当か。

⑧ 　コロナ禍における　コロナ禍から今日までの実態が記載のとおりであるならよいが、他の表現もありうる。

⑨ 　孤立感を覚え　やや強い表現なので、ここまで深刻か確認したい。

⑩ 　また、各職員の目標にはステップを踏むための到達可能な小さな目標も…　必要な対策とはややずれるので、別の提案を検討してよい。

⑪ 　自律的に仕事を行える環境を整備する　問題点で「ミスの発生を恐れて委縮し」とあるので、組織としてミスを防ぐ対策も提案したい。

⑫ 　大幅に職員に委ねる　権限を委譲した場合、それに対する助力が重要なので、その点も記したい。

⑬ 　他部署の職員をオブザーバーとして招待する　この対応が必要か、検討したい。

⑭ 　仕事の進め方を見直し　ここでは、「仕事の進め方を見直す」でなく、「職員の積極的な取組」などに関して記すのが適当か。

論文作成の知識・技術

【テーマを取り巻く状況把握】

　人間行動に影響を与える要因に関して、ハーズバーグ（Frederick Herzberg）が唱えた「衛生要因」と「動機づけ要因」がある。前者は、それが満たされないと不満を生じさせる要因であり、作業条件、対人関係などである。これらは、不満を予防するには役立つが、満たされたとしても満足を与えることはできないとした。後者は、仕事に満足を与えることができる要因であり、仕事の達成・認知、仕事そのものなどである。これらによると、組織構成員に満足を与え、モチベーションを高めていくには、後者の「動機づけ要因」に着目する必要がある。

B-6　職員のモチベーション向上

1　モチベーションの重要性

　人口減少や少子高齢化の進行、社会経済情勢の変化等、自治体はさまざまな行政課題に直面している。また、価値観やライフスタイルの変化に伴い住民ニーズも多様化している。こうした課題やニーズに、限られた職員で迅速かつ的確に対応し組織目標を達成していくためには、各係において組織としての能力を最大限に発揮することが不可欠であり、その基礎となるのが職員のモチベーションである。

2　モチベーション低下の原因

　しかし、私の係においても、職員のモチベーションは十分に高まっているとは言えず、その原因には、以下の点が挙げられる。

　第一に、近年の業務の高度化、複雑化等による各業務の細分化を背景に、職員は、各業務の意味や組織における自身の存在意義等を見出し、係で共有することなしに業務が進められている。そのため、職員にとって、業務はともすれば単なる作業となり、組織目標の達成に向けて、広い視野に立って仕事を積極的に行う力が弱くなっている。

　第二に、手続きの厳格化やマニュアルの詳細化等があり、各職員は正確な作業が求められるなかでミスの発生防止に気を取られ、自らの発想に自信を持てない状況がみられる。そのため、職員は、自らが行うべき業務範囲を狭くしたり、いわゆる指示待ちの姿勢が生じ、業務改善や新しい発想による業務推進などが十分に行えなくなっている。

　第三に、係においては、常勤職員のほか会計年度任用職員、短時間勤務職員など多様な勤務形態の職員が在籍し、職種も多くなっているため、職員同士や上司・部下のコミュニケーションがスムーズでないことも見受けられる。そのため、得ることができる情報などの面で格差が生じ、モチベーションや業務効率の低下などの問題が生じている。

3　モチベーション向上に向けて

　これらの原因を解消し、職員のモチベーションを向上させるため、私は、係長として、以下の方策を講じていく。

　第一に、業務の意義や目標を明確にして職場で共有する。具体的には、当係が果たすべき使命とその意義を改めて確認し、あわせて、これに対応する各業務の位置づけや目的・目標を明確にし、係内で共有する。これにより、職員が組織に対して誇り持って同じ方向を向いて仕事を進めることができ、組織目標達成に向けて、達成感を得ながら確実に業務を遂行することができる。

　第二に、職員が自律的に仕事を行える環境を整備する。具体的には、各職員が自ら考える手順と判断で仕事を進められるよう、可能な業務について権限を委譲する。この場合、委譲をする私は、適時の情報提供や指導、業務の進行管理とチェック体制の整備など、職員を支援することを怠らない。これにより、職員の仕事への意欲を高め、自発的に考える力や仕事への責任感を育成していくとともに、業務の円滑かつ正確な遂行を図る。

　第三に、職場の情報共有を徹底し、コミュニケーションを活性化させる。具体的には、週１回の定例会議を維持しつつ、重要な点にメモを付した資料の回覧、庁内ＬＡＮやＩＣＴ技術を活用したクラウド上での情報共有、職員への目配りと機を逃さない声かけに取り組む。これにより、情報面において一人の職員も取り残さないことを目指しながら、職場の一体感を高め、モチベーションの高揚と業務の効率化を図る。

４　変化に対応した係運営のために

　自治体を取り巻く状況が厳しさを増すなか、職場においては、職員の働き方もさらに多様性が増すであろう。今後、自治体において効率的で満足度の高い行政サービスを提供していくためには、職員は、高い意欲をもって積極的に職務に取り組み、組織が一丸となって諸課題に取り組むことが求められる。

　私は、係長として、一人ひとりの職員が高いモチベーションで仕事ができるように、率先してさまざまな取組を実践していく考えである。

（1,640字）

B-7　係間の連携・協力

> 【問】　あなたが係長として配属された職場では、事業の遂行に当たって係間の連携・協力が不可欠となっているが、お互いに連携・協力して仕事をしていこうという気運がみられない。このような職場において、係間の連携・協力にどのように取り組んだらよいか、あなたの考えを述べなさい。
>
> （800～1,200字程度）

1　地方自治体に不可欠なもの

　地方自治体を取り巻く環境は、少子高齢化への対応や安全で快適なまちづくりなど喫緊の課題が山積している。一方、これら待ったなしの課題に迅速に対応していくためには、組織の最小単位同士である係の連携・協力で事業推進していくことが重要である。そのためには係間のチームワークが不可欠なものと考える。

2　係間のチームワークを構築するために

　係間のチームワークを構築するためには、以下の取組が必要である。

　第一に、係間での情報の共有化が必要である。行政の業務は質、量の面から細分化され複数部署で対応する。そのため職員の縦割り意識を生み出しやすく、係間で情報が共有化されにくい。そこで、課内における各係の総括職員を招集し、事業進捗の情報交換会を定期的に開催する。この共有化情報は、関係全職員が閲覧できるようにしておく。これにより、係間での情報が共有化され、縦割り意識の障壁が低くなることで、係間のチームワークが強化される。

　第二に、組織内での職員の役割を認識させる取組である。自分の係の業務が、所属課全体の事業の中で、どのような位置づけで進捗しているか認識していない。そこで、組織目標を具体的に提示し、係間及び係内で話し合って作成することで、組織目標を踏まえた自分の役割を明確に把握することができる。これにより、係間のチームワークが形成されていく。

　第三に、係間で風通しのよい職場環境にすることである。係間で良好
⑤
な人間関係が築かれていれば、係間のチームワークは醸成されやすい。
　　　　　　　　　　　　　　④
そのため、課内各係持ち回りで業務に関する勉強会を定期的に実施する。
　　　　　　　　　　　　　　　　　　　⑧
講師による一方的な講義の勉強会ではなく、意見交換が容易な全員参加
型にする。必然的に顔を合わせ、意見を言い合える状況をつくり出すこ
とで、職員間の良好な人間関係が生み出され、係間で風通しのよい職場
環境が創出される。

3　住民ニーズに応えるために

　地方自治体の財政は厳しさを増し、その上、住民ニーズはますます増
大し、行政の停滞は許されない。一方、職員の大量退職によりベテラン
　　　　　　　　　　　　　　　　　　⑨
職員が減少するなど、住民への責務を十分に果たすことが能力面でも厳
しい事態が発生しつつある。そうした中で、課題に迅速に対応し、結果
を出していくためには、組織が最大限の力を発揮できるよう、係間が連
携し合って事業を推進することが何よりも重要であり、係間のチーム
　　　　　　　　　　　　　　　　　　　　　　　　　　　　④
ワークこそが不可欠なものと私は考える。

（1,050字）

B-7 係間の連携・協力

1 答案例の評価

> **理解力**（題意を的確に受け止めて、適切に課題を設定しているか）
>
> 出題されたテーマは踏まえられている。 （★★★☆☆）
>
> **提案力**（的確な自らの解決策を具体的に述べているか）
>
> 提案内容が少ない。まだまだなすべきことがありそうである。
> （★★☆☆☆）
>
> **主体性**（自らの問題意識に基づいた積極的な姿勢が表れているか）
>
> 「事業の遂行に当たって連携・協力が不可欠」という場面設定であるが、答案論文では、課題とその対応において臨場感が薄い。
> （★★☆☆☆）
>
> **論理・表現力**（論理的に、分かりやすく述べられているか）
>
> 文章の流れなどは、論理的に大きな問題はない。また、文章は概ね分かりやすく書かれている。 （★★★☆☆）
>
> **その他、特に気づいたこと**
>
> 設問が「連携・協力」なので、論文の方もあえて「チームワーク」と言い換えずに論述する。設問文は十分に尊重したい。

2 修文のポイント

① 取り巻く環境は…課題が山積している　主語と述語の対応が気になる。ブラッシュアップ論文を参照してほしい。

② 迅速　課題への対応なので、「迅速」だけでなく「的確」を入れたい。

③ 対応していくためには…　論理的になぜ連携・協力につながるのか、分からない。連携・協力の意義などで補いたい。

④ 係間のチームワーク　「連携・協力」をあえて「係間のチームワーク」と言い換える必要はない。

⑤　第一に、第二に、第三に　こうした柱立てについて、別途検討する。

⑥　事業進捗の情報交換会を定期的に開催　「係間での情報の共有化」の対策がこれだけでは物足りない。

⑦　組織目標を具体的に提示し、係間及び係内で話し合って作成する　「組織内での職員の役割を認識させる」対策がこれだけでは物足りない。

⑧　勉強会を定期的に実施　「風通しのよい職場づくり」のための方策がこれだけでは物足りない。

⑨　職員の大量退職…　再任用の活用などにより組織力を維持しようとする取組がなされている中、記述のような事態になっているか、現実の職場を確認することが必要である。

論文作成の知識・技術

【必要な論点の洗い出し】

　「事業の遂行に当たって連携・協力が不可欠」という状況にあなたが実際の職場で置かれた場合、どのような対応をとるか。本問は、そのような問題意識で述べる。例えば、次のような柱が考えられる。

　①まずなすべきは各事業で実際に連携・協力を実現することであり、そのために連携・協力すべき事項を洗い出して具体化していく。②次に、連携・協力をスムーズに実践していくために、情報の共有化といった条件整備を進める。③そして、連携・協力をする雰囲気づくりとして、職場環境を整える。このような整理のもとに作成したのが、次のブラッシュアップ論文である。

B-7 係間の連携・協力

1 課題解決には係間の連携・協力が重要

　少子高齢化への対応や安全で快適なまちづくりの推進など、本市には喫緊の課題が山積している。これら待ったなしの課題に迅速かつ的確に対応していくためには、行政の効率的で効果的な対応が不可欠であり、関係する部署同士が連携・協力し、組織単位の取組以上の成果を挙げていく必要がある。組織の最小単位である係においては、係間の連携・協力が極めて重要である。

2 係間の連携・協力を構築するために

　係間の円滑な連携・協力を確保するため、私は次のように取り組んでいく。

　第一に、係事業の一つひとつについて、実際に係間の連携・協力を実現していく。

　そのため、事業の企画段階においては、連携や協力が必要な事項を洗い出し、当該事項を係間で調整する。また実施段階では、係間で協力できる事項について職員の動員体制などを検討し、具体化していく。共通する関係団体との折衝等については、あらかじめ他の係の状況を聞き取り、関連事項について調整を図る。私は、調整が必要な事項や協力体制を組むべき事業は逃さずに係間の連携・協力が図られるよう、平素から問題意識を持ち、行動していく。

　第二に、係間での連携・協力を円滑にするため、係間の情報の共有化を進める。

　係長会議などにより、係間の連絡を密にするとともに、情報の共有化を徹底する。共有すべき情報としては、例えば、これまでに行った住民・関係団体、報道機関、議会などとの折衝等の経緯・内容などが重要である。また、市の方針や通知文書、部や課のスケジュールなど共通で

必要になる資料は共通ファイル化し、常にアップデートしていく。こうした係間での情報共有化により、縦割り意識を弱めるとともに、係間のチームワークの強化を図る。

　第三に、連携・協力の雰囲気づくりとして、係間で風通しのよい職場環境をつくる。

　係間で良好な人間関係が築かれていれば、係間のチームワークは構築されやすい。そのため、例えば、課内各係の持ち回りにより、業務に関する打合せ会や勉強会を定期的に実施していきたい。必然的に顔を合わせ、意見を言い合える雰囲気づくりに努め、職員間の良好な人間関係や係間での風通しのよい職場環境をつくっていく。私は、こうした打合せ会や勉強会などにおいて、積極的に幹事役などを担っていく。

3　住民ニーズに応えるために

　本市の財政が厳しさを増す中にあっても、多様化する住民ニーズに応えていくため、行政の停滞は許されない。課題に迅速に対応し、結果を出していくためには、組織が最大限の力を発揮できるよう、係間が連携し合って事業を推進することが不可欠である。

　このような問題意識に立って、私は、日々の業務において係間の連携・協力を強力に推し進めていく所存である。

（1,160字）

B-8 若手職員の育成

> **【問】** 若手職員を職場の中堅職員として育成していくために、係長としてどのように取り組むべきか、あなたの考えを述べなさい。
> （800〜1,200字程度）

1 求められる少数精鋭職員による職場運営
①

地方自治体では、<u>人員削減の考え方が徹底する中</u>、団塊世代の職員の
②
大量退職に伴いマンパワーは大幅に減少している。一方、行政課題は社
会経済状況の変化により多様化、高度化している。こうした中、地方自
治体には<u>少数精鋭職員での職場運営</u>が求められているため、若手職員の
③
早急な能力開発、つまり人材育成が待ったなしの状況となっている。

2 若手職員の人材育成の必要性
④

若手職員の能力を高めるために、係長として以下の人材育成策を実施
する。

第一に、参加型の係内研修を実施することである。<u>受身的に受講する</u>
⑤
<u>研修</u>ではなく、各自が担当して、教える側にも立つ参加型の研修にする。
最近変わりつつあるが、職場研修の多くは、<u>制度の概要等についての受</u>
⑤
<u>講形式のもの</u>が主流であるため、<u>その場限りで後に残らない</u>ものや、各
⑥
自が仕事上すぐに必要とするテーマでないもの等、即戦力となる職員の
育成に直結しない。しかし、<u>参加型の係内研修により着実に能力向上を</u>
⑦
<u>図ること</u>が可能となるため、まずは係長である自分がリーダーとなり実
施する。

第二に、職員同士が教え合う職場にすることである。職場内で互いの
知識や知恵を共有し、各職員の能力をさらに発揮させるため、仕事に関
して教え合い、学び合う場をつくる。しかし、日々の仕事に追われ、各
職員が習得した知識や知恵を、皆で共有する体制が十分に整っていない。
そこで、各職員の業務についての問題等を<u>定期的に報告し合う場を設け</u>
⑧

る。これにより、担当以外の仕事の事例も学べ、多くの知識や知恵を職員同士が共有することが可能となる。

　第三に、職員の自己啓発を促進する職場づくりである。自己啓発を促すには、職員のモチベーションを高めることが必要であるが、自己啓発を促す職場の気運が低いものとなっている。そこで、職務の取組状況や達成結果等を、職場で定期的に報告し合う場を設ける。そして、各自の取組状況や達成結果を職員同士で評価し合うことで、互いに刺激を受け合いながら自己啓発を促していく。このことが、職員の能力向上を図ることを可能とする。

3　若手職員の人材育成の先に

　職員の能力開発により、少数精鋭職員による職場運営を実現することができる。私は係長として、以上述べた取組を実施し、若手職員のやる気を引き出して能力開発つまり人材育成に積極的に取り組んでいく。

（1,020字）

B-8 若手職員の育成

1 答案例の評価

理解力（題意を的確に受け止めて、適切に課題を設定しているか）
課題のとらえ方は、概ね妥当である。 （★★★☆☆）

提案力（的確な自らの解決策を具体的に述べているか）
提案内容が不十分である。 （★★☆☆☆）

主体性（自らの問題意識に基づいた積極的な姿勢が表れているか）
受け売りでない自身の考えを述べようとしているところはよい。 （★★★☆☆）

論理・表現力（論理的に、分かりやすく述べられているか）
文章は流れているが、時に混乱もみられる。3本柱が整理しきれていないので、注意したい。文章は分かりやすい。 （★★★☆☆）

その他、特に気づいたこと
提案内容が不十分である。また、抽象的にならないように、例示なども入れながら、具体的に記述したい。

2 修文のポイント

① <u>1 求められる少数精鋭職員による職場運営</u> この表題は「少数精鋭」でなく、「若手職員育成の必要性」などが適当である。

② <u>人員削減の考え方が徹底する中</u> 「若手職員の育成」というテーマのリード文としてどのような記述がよりふさわしいか、再考したい。

③ <u>少数精鋭職員での職場運営</u> 「少数精鋭職員での適切な職場運営」などと補いたい。

④ <u>2 若手職員の人材育成の必要性</u> ここでは「人材育成の必要性」でなく、「人材育成策」としたい。

⑤ 受身的に受講する研修ではなく、<u>制度の概要等についての受講形式</u>

のものが主流　「参加型」という論点の中に「研修の内容」の論点も入ってきており、整理しきれていない印象である。

⑥　その場限りで後に残らない　「制度の概要」であっても、後に残る内容とすることが必要である。

⑦　参加型の係内研修により着実に能力向上を図ることが可能となる　「参加型の係内研修」の具体的内容が不明確である。

⑧　定期的に報告し合う場を設ける　「第二」の柱なので、どのように場を確保するかなど、より具体的に記述したい。

⑨　自己啓発を促すには、職員のモチベーションを高めることが必要　「自己啓発へのモチベーション」という意味か。ならば「職員の自己啓発へのモチベーションを高める」などと記したい。

⑩　職務の取組状況や達成結果等を、職場で定期的に報告し合う場を設ける　この表現では「第二」の提案とかなり近似している。

論文作成の知識・技術

【文章表現のポイント】

　論文を作成するに当たって、「課題」と「問題・問題点」は混同しやすいので、考え方を整理するとよい。本書では、次のとおりとしている。

　「課題」は、「○○を確保・充実する」「○○を整備する」など「やるべきこと」であり、「問題・問題点」は、「○○が不足している」「○○が提供されていない」など「解決すべき不備、困ったこと」である。

B−8 若手職員の育成

1 若手職員育成の必要性

　高齢社会への対応、防災都市づくりなど、本市にはさまざまな重要課題が山積している。また、こうした行政課題は、社会経済状況の変化により深化・多様化している。こうした中、現場では、少数精鋭職員による適切な職場運営が求められているため、若手職員の育成が待ったなしの状況となっている。

2 若手職員の育成策

　若手職員を育成するため、私は、係長として、以下に取り組む。

　第一に、若手職員に対し、実践的な内容で職場研修を実施する。

　職場研修の内容は、いまだ多くは制度の概要等が主流であり、職員が仕事上必要とする能力を磨くテーマになっていない。そこで、若手職員が着実に能力向上を図れるよう、説明資料の作成方法や会議の準備・進行の仕方など、身近で職務に直結するテーマを扱う。また、研修準備にも若手職員が参加することとし、研修や会議等の実践力を身につけさせる。上司への説明に同席させるなどの体験付与にも心掛ける。まずは係長である私がリーダーとなり、このような研修を企画し、実施していく。

　第二に、日常において、若手職員と他の職員同士が教え合い、学び合う職場にする。

　現状では、日々の仕事に追われ、各職員が習得した知識や知恵を皆で共有する体制が整っていない。そこで、係会などの機会を活用して、業務に関連した有用な情報や各職員の業務についての問題等を定期的に報告し合う場を設ける。これにより、若手職員を中心に必要な知識や知恵を得ることができるようになるとともに、担当以外の仕事の事例にもふれながら、問題解決の方法などについて職員同士で学び合い、職場全体の能力も高めることができる。

第三に、若手職員の自己啓発が促進される職場づくりを行う。

自己啓発を促すには、そのきっかけづくりが重要であるが、現状では、職場において自己啓発を促す職場の気運が低い。そこで、例えば、職員同士で職務に関するさまざまな質問を投げかけるような雰囲気づくりに努め、職員が自ら学ぶきっかけをつくる。また、係会などにおいては、各職員の取組状況を職員同士で意見を述べたり、宿題を出し合うようにし、互いに刺激を得て自己啓発に向かうよう、促していく。以上のほか、若手職員のため、時間外などにリラックスした勉強会を開くような環境づくりに取り組む。若手職員が外部の研修に参加しやすいように声掛けをしたり、研修参加中の仕事をサポートすることなどにも心掛ける。

3　係長としての役割を果たす

本市において、若手職員の育成は非常に重要であり、これを職場で実践していくためには、とりわけ職場の要である係長の役割がきわめて大きい。私は係長として、日々の仕事を通した指導をはじめとした以上述べた取組を実施し、若手職員のやる気を引き出し、人材育成を積極的に進めていく考えである。

（1,150字）

B-9　ワーク・ライフ・バランスの職場づくり

> 【問】　今後、ワーク・ライフ・バランスのとれた職場づくりをどの
> ように進めていくべきか、あなたの具体的な考えを述べなさ
> い。　　　　　　　　　　　　　　　　　　　　　（1,200字程度）

1　ワークライフバランスの重要性
　　　①

　地方自治体に対するニーズは複雑・多様化しており、人口減少社会へ
の対応や防災力の強化などは喫緊の課題である。一方で、自治体の施策
を支えてきたベテラン職員は既に退職している。今後も少数精鋭で質の
高い事務運営を維持していくことは容易ではない。

　こうした状況の中、職員一人ひとりの生産性を高めていかなければな
　　　　　　　　　　②
らない。そのためには、組織を挙げてワークライフバランスを実現する
必要がある。なぜなら、仕事と生活の調和が保たれている職員は全力で
業務に臨むことができ、事務改善にも積極的に取り組むからである。ま
た、周囲の職員にもよい影響を与え、組織の生産性の向上にも寄与する。

2　ワークライフバランス実現のために

　次の3点の取組を実行し、効率的で着実な事務運営を遂行する。

(1)　未経験職員の早期戦力化の実現
③

　職場では、業務経験者が減少していることから業務が繁忙化しており、
超過勤務の増加という課題が生じている。

　そこで、未経験者の早期戦力化に取り組む。まず、「初心者マニュア
　　　　　　　　　　　　　　　　　　　　　　　　　　　　　　　④
ル」の整備を行う。事務経験者等からヒアリングを行い、経験知を抽出
する。それらと既存のマニュアル類を集約・統合し、より現場に即した
マニュアルを作成する。OJTを行うためのツールとしてマニュアルを
活用することにより人材育成の実効性をより高める。

　これらにより、未経験者の事務処理能力を向上させ、組織力の底上げ
を図ることによって、超過勤務の縮減をする。
　　　　　　　　　　　⑤

(2) 情報の共有化による連携強化

　職場で連携不足により、事務処理ミスが発生すると、それに対処する追加業務が発生し、更なる超過勤務の増加につながる。また、市民からの信頼を損ねることにもなりかねない。

　そこで、職場の情報共有化推進に取り組む。まずは、職場内ミーティングを週1回設定し、懸案事項の進捗状況を確認し、対応策を協議する。次に、議事録や懸案台帳を作成し、共有のフォルダに保存する。特に、ミスが発生した経緯や原因、その後の対応は、時系列・種類ごとに整理し、データベース化することで、職場内での活用を促す。

　これらにより、情報の共有化を図り、連携を強化する。そして、事務処理のミスを防止し、不要な超過勤務を縮減する。

(3) 超過勤務削減の気運醸成

　恒常的な超過勤務が増えると、職員の健康を害し、組織力の低下を招きかねない。

　そこで私は、職場内の超過勤務削減の気運醸成を図るために、職員一人ひとりに「マイノー超勤デー」の設定してもらう。マイノー超勤デーに設定した日には、必ず定時退庁するよう、掲示を行うなど職場内で徹底する。また、自らが率先して実行するよう心掛ける。

3　職場を担う中核として

　多様化する住民のニーズに応えていくためには、常に改善を意識した行動が重要である。

　私は、係長として、組織力の向上に努め、超勤削縮減に取り組み、効率的な事務運営を実践していく所存である。　　　　　　　　　　（1,240字）

B－9　ワーク・ライフ・バランスの職場づくり

1　答案例の評価

理解力（題意を的確に受け止めて、適切に課題を設定しているか）
柱の2から、論文のテーマが「超過勤務の縮減」ないし「効率的な事務運営」になってしまった。　　　　　　　　　（★★★☆☆）

提案力（的確な自らの解決策を具体的に述べているか）
提案はずれていないが、課題達成には今少し広く対策を述べたい。上記のようなとらえ方のため、対策がぼけてしまった。 （★★★☆☆）

主体性（自らの問題意識に基づいた積極的な姿勢が表れているか）
積極的に取り組もうとする意識はうかがえるが、より積極的に「係長としての役割」について述べたい。　　　　　（★★★☆☆）

論理・表現力（論理的に、分かりやすく述べられているか）
文章は分かりやすくてよい。論理力は、テーマのとらえ方が安定していないので高く評価できなくなってしまう。　（★★★☆☆）

その他、特に気づいたこと
ワーク・ライフ・バランスをどのように理解しているかが大きなポイントである。【必要な論点の洗い出し】も参照して、再度、考えてみてほしい。

2　修文のポイント

① <u>ワークライフバランス</u>　「中点」がない表記もあるが、ここは問題文に合わせて「ワーク・ライフ・バランス」とする。

② <u>職員一人ひとりの生産性を…</u>　ワーク・ライフ・バランスの意義は「職員の生産性を高めていく」ことだけでよいか。

③ <u>(1)…、(2)…、(3)…</u>　三つの柱立てと順序は、適切か。「未経験職員の早期戦力化」が冒頭に来るのは、やや違和感がある。「情報の共有

化による連携強化」は今少し、広く述べたい。

④ 「マニュアル」の整備 「マニュアル」は有効であるが、それだけに頼るのは適当でない。

⑤ 超過勤務の縮減…、不要な超過勤務を…、恒常的な… 答案例の三つの柱の結論部分はいずれも「超過勤務の削減」になってしまった。題意は「ワーク・ライフ・バランス」である。

⑥ 時系列・種類ごとに… 情報共有のためのデータベース化は、時間や費用がかかる一方、活用されない例が多いので注意を要する。

論文作成の知識・技術

【必要な論点の洗い出し】

　ワーク・ライフ・バランス（以下、ＷＬＢ）は、職員の「仕事」と「仕事以外の生活」の調和がとれ、両方が充実している状態と言える。「仕事以外の生活」には子育てや介護、地域活動などがある。ＷＬＢにより、「職員」はより充実した生活を送り、成長しながら働くことができ、「職場」は職員の力を引き出して、持続的に発展することができるようになる。ＷＬＢ実現のための論点は、二つの側面から考えることができる。

① 「ワーク」の生産性を高める

　チームとしての職場の力を高める（目標の明確化と進行管理、モチベーションの向上、コミュニケーションの円滑化など）、職員の能力を高める（ＯＪＴ・自己啓発の促進、研修への参加と職場への還元など）など

② 職員の「ライフ」充実への支援

　不要な残業を排し、休暇等を取りやすい職場環境をつくる（職場での声掛け、相互補完による職務分担、ノー残業デーなど）など

B-9 ワーク・ライフ・バランスの職場づくり

1 ワーク・ライフ・バランスの重要性

　少子高齢化や人口減少社会への対応、安全なまちづくりなど、市が解決すべき課題は山積している。社会経済の変化の中、市は、市民の期待に的確かつ継続的に応えるため、少数精鋭による質の高い事業運営の体制を構築していかなければならない。そのため各職場は、今日、職員のやり甲斐と一人ひとりの生産性が持続的に向上できるよう、組織を挙げてワーク・ライフ・バランスの実現に取り組んでいくことが求められている。

2 ワーク・ライフ・バランス実現のために

　私は、次の三つを実行し、職場においてワーク・ライフ・バランスを実現させる。

(1) 生産性を高める仕事の進め方の構築

　職場において仕事の生産性を高めるためには、職員の業務を目標に向けて統合していくことが重要である。そこで私は、係の目標を常に明確にするとともに、係会を有効に活用し、業務の進行管理を徹底する。進行管理に当たっては、平素より職員とのコミュニケーションに心掛け、業務の問題点を的確に把握するよう努める。また、業務の効率を確保するため、庁内LANや係のホワイトボード、朝の打合せなどにより、日程や当面の課題、決定された対応方針などを共有していく。

(2) 職員の生活充実の支援

　組織が継続的に仕事の成果を挙げていくためには、組織で働く職員のリフレッシュが不可欠である。そこで私は、非効率のもととなる超過勤務を縮減するため、職場での声掛け風土を醸成するとともに、各職員に「マイノー超勤デー」を設定してもらい、実行を奨励する。また係全体として、手始めに月に4日程度の一斉退庁日を設定し、計画的な業務執

行を促す。年次休暇が計画的に取得されるよう、職務の割振りに当たっては職員の相互補完を確保し、協力体制の確保を図る。

⑶　一人ひとりの能力向上を目指す組織づくり

　ワーク・ライフ・バランスを実現するため、職員一人ひとりの能力開発に取り組む。具体的には、私と主任が中心となってOJTと自己啓発の推進に取り組む。OJTでは、先輩職員が後輩職員に仕事の進め方を随時、伝授していく体制をつくる。また、係会の中でOff-JTの報告や自己啓発で得た職務で役立つことなどを発表してもらう。さらに、新任者が仕事を早く熟知できるよう、経験者のノウハウを盛り込みながら既存マニュアルを集約し、現場に即した「初心者マニュアル」を作成する。OJTに当たっては、こうしたマニュアルを十分に活用していく。

3　職場の長として

　重要性が一層増大するワーク・ライフ・バランスの実現に向け、私は係長として、職場での円滑なコミュニケーションを確保しながら、進行管理の徹底や超勤縮減の風土づくり、学び合う職場づくりなどを実践し、職員の働き甲斐と組織の成果がともに持続して増大していくよう、積極的に取り組んでいく。

（1,200字）

B-10 新規事業への対応（事例式）

> 【問】 あなたが係長として配属された係では、6月に入ったころ、来年4月実施の新規事業に取り組むことになった。事業のおよその内容と、実施時期が決まっているだけで、あとはあなたが係長として実施に向けた準備を行っていかなければならない。
> (1) 新規事業を職員が協力して進めていくようにするための心構えについて、あなたの考えを述べなさい。　　　（400字程度）
> (2) (1)を踏まえ、上記事例の係でどのようなことに取り組んだらよいか、あなたの考えを述べなさい。　（1,200字程度）

(1)① 新規事業立ち上げの困難さ

　少子高齢社会の到来や②回復にほど遠い景気動向など、日本社会は先のみえない混迷の中にあって、市民は将来への明るい展望が持てずにいる。このような状況にあって、行政は、これまでどおりの事業を続けるだけではなく、新たに発生する課題に対して、新規事業を起こし、的確に施策を講じていくことが求められている。

　しかし、③新規事業は立ち上げに際して関係部署との調整が非常に多く、更に実施時期に向けて短期間のうちに施策を組み立てなければならない難しさがある。また、既存事業と異なり、ノウハウや参考事例も少ないことから、新たな発想や柔軟な思考によって課題を解決し、事業を構築していくことが必要となる。

　④だからこそ、担当する職員同士が、持てる能力を十分に発揮し、協力し合いながら準備を進めるための、強固でしなやかなチームをつくり上げなければならない。　　　　　　　　　　　　　　　　　　　　　　（400字）

(2)⑤

1　チームをまとめ上げるために

　他の職員と協力しながら、新規事業の準備を円滑に進めるために、私はチームのリーダーとして次の三点を実行したい。

　⑥第一に、⑥新規事業の目的を明確にし、実施に向けたスケジュールを作成することである。実施時期が迫っていることに気を取られ、闇雲に準備作業に着手しても、メンバーがそれぞれの思い込みなどで作業を進め、その結果、後になって慌てて軌道修正が必要となる事態が生じるおそれがある。そこで、まず、チーム内で事業の最終到達目標を確認し、共有

することが重要である。準備作業の着手に先立ち、チームミーティング⑥を実施し、新規事業の対象者は誰か、求められる事業効果は何か等をメンバー全員で幅広く意見を交換する。また、事業の実施時期⑦から逆算して、不測の事態にも対応可能な、余裕を持ったスケジュールを作成することも重要である。

第二に、さまざまな課題に対応できるよう、柔軟なチーム編成⑧を行うことである。新規事業は、実施までの期間が決まっている中で、準備作業や調整業務などを効率的に進めなければならないことから、スピーディな業務運営が必要となる。既存事業と異なり、各作業の業務量が未知数な面もあるため、従来のような縦割りの役割分担をしてしまっては、一部の担当者の作業に遅れが生じた場合に、スケジュール全体に与える影響が非常に大きい。そのような事態を回避するため、作業ごとに主担当と副担当を定める。チーム内で、メンバーがそれぞれ主担当、副担当⑨を兼務し合うことで、担当者が一人で業務を抱え込むことなく、互いにフォローし合う機動的なチーム運営を図る。

第三に、チーム内の良好なコミュニケーションを構築することである。円滑に作業を進めるためには、メンバー各自が臆することなく意見を述べ、また、忙しい中でもきちんと耳を傾けるような、風通しのよいチーム運営を心掛けなければならない。そのために、週に一回程度のチーム定例会を開催し、メンバー各自が進捗状況と現状の課題を報告する場を設ける。課題については、会議の場で解決の方向性を議論し、一定の道筋をつけられるよう、リーダーとして積極的に発言するよう努める。⑩チーム内では解決が難しい課題については、上司である課長に速やかに報告、相談し、準備作業が停滞、混乱することのないよう、適時適切な判断を仰ぐこともリーダーの役割として大切である。

2　メンバーの能力を引き出してチームの総合力を高める

新規事業の立ち上げは、適切なマニュアルもなく、次々に現れる課題に対して、迅速かつ正確に解決していかなければならず、そのための柔軟なチーム運営⑪が求められる。私は係長として、職場の要となるよう積極的に行動し、新たな課題に対応するため努力を惜しまない。　（1,150字）

講評と論文作成ポイント

B-10　新規事業への対応（事例式）

1　答案例の評価

> **理解力**（題意を的確に受け止めて、適切に課題を設定しているか）

設問に対して、必要な論点を挙げている。　　　　　　（★★★★☆）

> **提案力**（的確な自らの解決策を具体的に述べているか）

概ね妥当な解決策が述べられている。しかし、(1)は「心構え」を述べるとの設問に答えていない。　　　　　　　　　　　（★★★☆☆）

> **主体性**（自らの問題意識に基づいた積極的な姿勢が表れているか）

取組内容は、自らの問題意識に基づき述べられ、課題解決への意欲も感じられる。　　　　　　　　　　　　　　　　　（★★★★☆）

> **論理・表現力**（論理的に、分かりやすく述べられているか）

(2)は論理的に論述されているが、(1)の記述はマイナス要素である。文章は、**修文のポイント**で指摘した点に注意したい。　（★★★☆☆）

> **その他、特に気づいたこと**

全体的に妥当な内容が述べられているが、(1)など、出題されていることは確実に受け止めるよう注意したい。

2　修文のポイント

① <u>(1)新規事業立ち上げの困難さ</u>　(1)で述べるべきは設問で明示されているように「心構え」であるので、見出しと内容を反映させる。

② <u>回復にほど遠い景気動向</u>　本論のテーマは「新規事業への対応」なので、経済動向には触れずに別の書き出しとすることも考えられる。

③ <u>新規事業は立ち上げに際して関係部署…</u>　新規事業の特徴をとらえており、このような内容は以下の論文の内容を導くうえで有効である。特徴のとらえ方については、ブラッシュアップ論文も参照してほしい。

④ <u>だからこそ、担当する職員同士が、持てる能力を十分に発揮し…</u>
(1)の締めのところは、題意に沿って「心構え」を述べたい。

⑤ <u>(2)</u>　(1)には「新規事業立ち上げの困難さ」の見出しがあるが、ここ

146

にはない。設問の文言に沿って、必要な見出しをつけたい。

⑥　<u>チーム、リーダー、メンバー、チームミーティング</u>　論文全体でカタカナが多い。本事例の場合、チームは「組織」、チームのリーダーは「係長」、メンバーは「職員」、チームミーティングは「係会」などと言い換えることができる。

⑦　<u>事業の実施時期</u>　事例では来年4月とあるので、文章にこれを反映させる。

⑧　<u>チーム編成</u>　「編成」と言うと、「誰を構成員とするか」といった組織・人事のイメージが強い。内容からは「組織運営」くらいが適当である。

⑨　<u>チーム内で、メンバーがそれぞれ主担当、副担当を兼務…</u>　主担当・副担当を設定することは組織運営の万能薬でなく、運用によっては形式的になったり効率性を妨げたりすることもあるので、組織の状況などにより気をつける。

⑩　<u>積極的に発言するよう努める</u>　係長として物足りない対応である。「積極的にとりまとめる」くらいが適当ではないか。

⑪　<u>柔軟なチーム運営</u>　新規事業の立ち上げのために求められる組織運営には重要な要素がさまざまあるので、「柔軟性」だけでまとめてしまうのは適当でない。ブラッシュアップ論文を参照されたい。

論文作成の知識・技術

【分かりやすい柱立ての工夫】

　新規事業に取り組むことになった係が取り組むべき課題については、別の柱立ても考えられる。

　例えば、①新規事業に当たるための基本的な対応として、事業の意義・目標などを明確化して係で共有する、②効果的・効率的な組織運営をするため、必要な調査の実施、計画作成と適宜の修正、上司や関連部署との調整など、進行管理を適切に行う、③業務を円滑に進めていくための組織をつくっていく、の三つである。

B-10 新規事業への対応（事例式）

(1) 新規事業立ち上げに当たっての心構え

　少子高齢社会の進展や安心・安全への期待の高まりなど変化する社会経済状況の中にあって、行政は、これまでどおりの事業を続けるだけでなく、新たな課題に対して新規事業を起こし、的確に施策を講じていくことが求められる。しかし、新規事業は、既存事業と異なりノウハウや参考事例が少ない。また、立ち上げに際して関係部署との調整が多く、実施時期までの限られた期間のうちに施策を組み立てなければならない難しさがある。新規事業の立ち上げに当たっては、業務方針を明確にして、手戻りのない効率的な執行体制をつくっていくことが不可欠であると言える。

　そこで私は係長として、新規事業の立ち上げに当たって係全員が一体となって業務に当たれるようにすることを基本に、事業の意義や目標を係全体で共有させること、効果的・効率的な業務執行のために進行管理を徹底すること、業務を円滑に進めていけるような組織づくりに努めることを心掛ける。

（440字）

(2) 係においての取組

　係において新規事業の準備を円滑に進めるため、私は係長として次の三点に取り組む。

　第一に、新規事業の意義や目標をあらためて明確にし、それを係で確実に共有する。

　事業を進めるに当たって、実施することにのみ気を取られては、メンバーがそれぞれの思い込みで作業を進め、その結果、後になって軌道修正を余儀なくされることが起きる。そこで、まず、すでに決定されている事業内容を足がかりに、上司や関連部課から十分な情報を得て、あらためて事業の意義と目指す事業の最終形を確認する。この作業に当

たっては、上司との密接な意思疎通のもと、関係する市の施策や議会での議論などにも十分に留意していく。

こうした作業の成果については、係会などを通して、職員全員で共有する。新規事業の準備に当たっては、事業の最終形を職員皆で共有することにより意識の共通化を図り、事業構築の軸がぶれないようにする。

第二に、業務執行を効果的・効率的なものとするよう、いつの時点までに何をどこまで進めるかという段階ごとのスケジュールを作成し、その実現のために業務の進行管理を徹底する。

スケジュールは、来年4月の実施時期から逆算して作成し、併せて、不測の事態にも対応可能な、余裕を持ったものとする。また、スケジュールに合わせて業務が適切に進捗するよう、私は、係会などの場を活用し、業務の進行管理を徹底する。係会においては常に進捗状況について議題として取り上げ、必要な時は臨時会や課長への報告などの機会をつくる。進行管理に際しては、各職員から業務の進捗状況と業務遂行上の問題点などを伝えてもらう。報告された内容は係内で共有し、職員間の協力体制の強化に役立てる。事業推進上の問題などがあれば、内容によって上司とも相談しながら、早期の問題解決を図っていく。

第三に、以上の取組のほか、係における業務が円滑に進められ、また職員がやりがいを持って仕事に取り組めるよう、係内の良好なコミュニケーションの確保とモチベーションの向上を進める。

係会などの会議以外の機会においても、円滑なコミュニケーションは重要である。私は、平素から職員への声掛けに留意して、問題の萌芽を早期に発見できるように努めるとともに、何かあったら職員相互が伝え合う環境を構築する。また、事業を進めるに当たっては、職員の取組を促すなどにより、仕事への積極的な参加によるモチベーション向上と人

材育成を図る。職員に仕事を任せる際は、職員への必要な助言や指導は忘れない。

　新規事業の立ち上げは、適切なマニュアルもなく、次々に現れる課題に対して、誤りなく迅速・的確に対応していかなければならず、緊張感のもとでの着実で効率的な組織運営が強く求められる。私は係長として、係の要となるよう積極的に行動し、係を一体的に取りまとめ、新規事業の立ち上げという目標を確実かつ円滑に実現させていく。　　　　（1,240字）

論文作成の知識・技術

【係長に求められる能力】

　係長には、職務に関しては、経験を通して得た行政分野（福祉、環境、都市づくりなど）、職務分野（企画・調整、市民サービス、施設管理など）それぞれに精通した「職務遂行力」が求められる。

　また、組織に関しては、事務処理単位の長としてリーダーシップを発揮し、組織を運営する「組織運営力」が求められる。主任には、職場の一員として「組織支援力」が求められるところであるが、係長に必要なのは監督者としての「組織運営力」である。

　このように係長は、職務遂行力を身につけたうえで組織運営にリーダーシップを発揮する、職場における「プレイング・マネージャー」である。

　「組織運営力」として係長は、「上司」「部下」「横（同僚や関係部課）」「外部（住民、社会経済状況など）」との関わりにおいて、適切なコミュニケーションと的確な対応をとる必要がある（**B－4　係長のリーダーシップ**では、「部下を監督し、係を統括する」が主たる論点であるが、「上司との関係」や「外部環境の把握」なども踏まえて論じたい）。

　係長はまた、仕事を通じて部下を指導、育成する「人材育成力」、市政全般を視野に入れ、改革・改善の提案を行うことがで

きる「改革・改善力」が求められる。人材育成の中で特に重要な
ＯＪＴの主な担い手は、係長である。

組織における係長の位置と役割

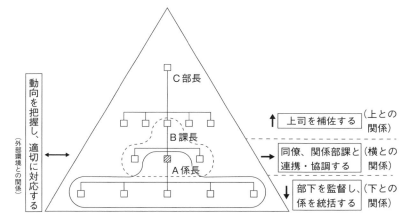

出典：自治体マネジメント研究会『自治体係長の職場マネジメント』公職研

B-11 業務改善（事例式）

【問】 Aは、K課管理係長に就任してほぼ1年となる。課の仕事は、管理係の事務担当を除いてすべて窓口業務であり、同じ仕事を地区によって係に分け、それぞれ、受付・審査・交付という一連の業務を行っている。市では、市民満足度の向上を目指して「お客様サービス向上」が図られており、Aも、迅速・的確・公平なサービスの提供の重要性について、日頃から係員に強く訴えている。K課では、ここ1年では、大きなトラブルは生じてはいないが、Aは次のことが気になっている。
- 各係の窓口に並ぶ市民の人数に差が出てしまうことがあり、苦情も寄せられている。
- 大きくはないが、ここ1年間に同様のミスが続いており、その結果、当該窓口に市民が並んでしまうことがある。各係長にはその都度注意を喚起しているが、なかなかなくならない。
- 受付から交付まで2週間程度の審査期間が必要であり、このことは窓口でも掲示しているが、なぜ時間がかかるのか、説明を求められることがある。
- 言葉遣いや仕事の進め方など、接遇について、時に、苦情が寄せられる。

このような状況の中、AはK課の状況を改善して、市民により質の高いサービスを提供したいと考えている。AがK課管理係長として、現状における改善すべき問題と問題解決に向けての具体的な取組について、あなたの考えを述べなさい。 （1,200〜1,500字程度）

1 サービス向上の必要性

　民間企業だけでなく自治体においても、外部との接点である窓口業務は組織のイメージを決める重要なセクションとなる。つまり、窓口サービスの良否が利用者にとっては行政サービスの良否を印象づけることにもつながる。したがって窓口業務の問題を改善することが利用者へのサービス向上だけでなく、直接的な市民福祉の向上を図ることにもつながる重要な取組になり得るのである。

2 解決すべき課題

　本事例においては、以下の3点の課題がある。

　第一に、各係の地区の取扱人数に差があり、市民へのサービス低下を招いている。これは地区ごとの担当制が硬直的になってしまっていることと、仕事にミスが生じていることが原因である。組織が硬直的になる

ことで情報の共有化も困難になり、組織機能としても発展が困難になる。
　第二に、審査期間について窓口での掲示が十分でない。これは、窓口
で掲示している内容が市民の目線で行われていないことが一因であると
考えられる。市民の立場での取組が行われなければサービスの向上には
つながらない。
　第三に、職員に接遇の問題がある。これらは職員の仕事に対する意識
の低下が原因であると考えられる。接遇の問題や職員の仕事への意識の
低下は、窓口業務においては直接的に利用者へのサービス低下を招くこ
とにつながってしまう。

3　課題に対する具体的取組
　これらの課題には以下のように取り組むことが重要である。
　第一に、地区の分担制をやめ、どの窓口でもすべての地区に対応でき
る体制とすることである。加えて、受け付けた案件については内部で情
報の共有化を図り、一連の事務に漏れがない体制をつくる。これにより、
窓口の人数の差による市民サービスの低下を解消することができる。
　第二に、審査期間の見直しと掲示内容の改善である。2週間程度とい
う審査期間が真に必要か再検討するとともに、必要な手続にかかる期間
について、市民の目線で疑問が生じないように掲示を変更する。利用者
の疑問や不安を解消することでサービスの向上を図る。
　第三に、研修の実施である。接遇の改善については、業務マニュアル
や接遇マニュアルを作成し、それを職員に対して研修することで意識の
向上を図るようにする。その際、これらの取組を職員に行わせることに
より、自らがその問題点を意識して改善できるようにする。職員の意識
の向上は直接的に質の高いサービスの提供につながる。

4　市民満足度向上のために
　自治体においても市民に対しより質の高いサービスを提供することは
重要な課題である。日々の業務に振り回され、苦情があっても漫然と仕
事を行っている環境では市民満足度を向上させることは難しい。業務の
分担の見直しを柔軟に行い職員一人ひとりが自発的に業務の改善に取り
組めるような環境をつくることが係長に必要な取組である。　　（1,220字）

B-11 業務改善（事例式）

1 答案例の評価

理解力 （題意を的確に受け止めて、適切に課題を設定しているか）
「ミスが続いていること」についての課題設定が言及のみになっているが、全体として、概ね問題点は抽出されている。 （★★★☆☆）
提案力 （的確な自らの解決策を具体的に述べているか）
「ミスが続いていること」の対応策が書かれていないことは、提案全体の評価の上でかなりマイナスである。 （★★☆☆☆）
主体性 （自らの問題意識に基づいた積極的な姿勢が表れているか）
事例の課題を解決しようとする意欲はみられる。 （★★★☆☆）
論理・表現力 （論理的に、分かりやすく述べられているか）
論文全体は論理的に流れているが、言及した一部問題点の対応策が書かれていないことは、「提案力」で指摘したとおりである。全体的に概ね分かりやすい論文になっている。 （★★★☆☆）
その他、特に気づいたこと
論文全体は分かりやすく、よくまとまっている。与えられた事例からは丁寧に課題を抽出し、対策はもれなく述べることが必要である。

2 修文のポイント

①　<u>セクション</u>　横文字でなく「部署」などとする。

②　<u>利用者へのサービス向上だけでなく、直接的な市民福祉の向上を図ることにもつながる</u>　後段は「行政の信頼獲得につながる」などとするのはどうか。

③　<u>解決すべき課題、課題</u>　問題文では「改善すべき問題」を述べよとあるので、そのようにすべき。なお、答案例の記述内容は、「問題」とするにふさわしく書かれている。135頁の【文章表現のポイント】を参照のこと。

④　<u>第一（地区の取扱人数）、第二（審査期間）、第三（接遇）</u>　事例の

中から何を問題点として取り上げ、それをどのように整理して述べるかは「事例式論文」の作成において重要なので、下記の【**分かりやすい柱立ての工夫**】を参照してほしい。

⑤　<u>組織機能としても発展が困難になる</u>　分かりにくい表現である。「統一的なサービス向上策がとりにくくなっている」などの内容と考えられる。

⑥　<u>招くことにつながってしまう</u>　「招く」で十分である。

⑦　<u>第一に、地区の分担制をやめ</u>　この柱の中で、「仕事にミスが生じていること」の解決策が述べられていない。

⑧　<u>第三に、研修の実施</u>　以下の記述内容を踏まえ、「マニュアルの整備と研修の実施」とする方がよい。

⑨　<u>職員に行わせる</u>　「職員の参加を促す」などと言い換える。

⑩　<u>自治体においても</u>　民間企業のことを念頭においているのであろうが、ここでは「自治体において」が適当である。

論文作成の知識・技術

【分かりやすい柱立ての工夫】

　問題点をどのように整理するのが適当か。

　本事例での問題点は「Ａが気になっていること」から導ける。4項目あり、記載の順序で挙げると、1「係ごとの地区の取扱人数の差」、2「仕事のミス」、3「審査期間の説明不足」、4「接遇の苦情」である。2と4を職員個人に起因する問題としてまとめると、全部で3点に集約することができる。

　順序は、①事例に出てくる順序を活かす場合は、「係ごとの人数のアンバランス」「職員のミスや不適当な接遇」「審査期間の説明不足」、②「組織の問題→職員の問題」で整理する場合は、「係ごとの人数のアンバランス」「審査期間の説明不足」「職員のミスや不適当な接遇」となる。答案例及びブラッシュアップ論文は、後者の②によった。

B-11 業務改善（事例式）

1 サービス向上の重要性

　民間企業だけでなく自治体においても、外部との接点である窓口業務は、行政サービスを住民に直接届ける場であるとともに、その場の対応が組織のイメージを左右するという極めて重要な部署である。すなわち、窓口サービスの質は、市民にとっては行政サービスの良否を印象づけることになる。したがって窓口業務の問題を改善することは、利用者へのサービス向上とともに、行政の信頼獲得にもつながる重要な取組である。

2 事例における改善すべき問題

　本事例においては、以下の三つの問題がある。

　第一は、係ごとの地区人口の不均衡である。各係が担当する地区の取扱人数に差があり、市民へのサービス低下を招いている。これは地区ごとの担当制が硬直的になっていることが原因である。また、組織の地区担当制により情報共有化の気運がなく、統一的なサービス向上策がとりにくくなっている。

　第二は、審査期間についての窓口での掲示内容が住民にとって不明確なことである。この問題は、掲示内容が市民の目線で行われていないことが原因の一つである。市民の立場での取組が行われなければサービスの向上にはつながらない。また、審査期間そのものの検討も必要である。

　第三は、職員に仕事上のミスが続き、職員の接遇にも問題があることである。これらは職員の仕事に関する実務能力の低下や仕事に対する意識の低下が原因であると考えられる。仕事のミスや接遇の問題は、窓口業務において、直接的に利用者へのサービス低下を招いている。

3 問題解決の具体的取組

　これらの問題に対して、私は係長として、次のように取り組んでいく。

　第一は、窓口の人数の差によるサービス低下を解消するため、地区の

分担制を見直し、どの窓口でもすべての地区に対応できる体制とすることを検討する。そのため私は、地区分担制のメリットとデメリットを早急に整理する。どの窓口でもすべての地区に対応できるようにする際は、受け付けた案件について係で情報を共有し、一連の事務における統一を図り、手続き等に漏れなどがないようにする。これにより、窓口の人数の差による市民サービスの低下を解消する。

　第二は、利用者の不便と疑問を解消するため、審査期間短縮のための見直しと掲示内容の改善を図る。２週間程度という審査期間が真に必要な期間か否かを改めて検討するとともに、必要な手続きにかかる期間については、市民の目線に立って、疑問が生じないように分かりやすく掲示する。

　第三は、マニュアルの整備と研修の実施である。ミスの解消や接遇の改善のため、業務マニュアルや接遇マニュアルを作成するとともに、それに基づいて実践的な研修を行うことにより、実務能力の向上を図る。これらの取組に当たっては職員の参加を促し、自らが問題を改善する姿勢を持つよう、職員の意識向上を図る。

4　市民満足の向上のために

　本市において、市民に対しより質の高いサービスを提供し、市民満足を向上させることは極めて重要な課題である。日々の業務だけで手一杯で、苦情があっても漫然と仕事を行っているようでは、市民満足を向上させることはできない。そのようなことにならないため、私は、係長として、接遇の向上とともに、業務点検と見直しを不断に行っていく。職員一人ひとりが自発的に業務の改善に取り組むような環境をつくり、職場の業務が常に市民にとって的確なものとして改善されていくよう、力を尽くしていく所存である。

（1,450字）

B-12 職場で起きた問題の解決（事例式）

> 【問】 Aは、この4月に市民活動支援係長に就任した。前任者からの引
> 継ぎでは、職員は皆熱心に仕事に取り組むので、職員から報告や
> 相談があったらよく聴いて指導してほしいとのことであった。2
> 週間ほど経ち、Aは、係職員は皆熱心な姿勢を持っていると感じ
> ている。しかし、このところ係で作成する資料等に誤りがみられ
> ることが気になっている。B主事は度々ミスがあるが、今日は契
> 約文書で誤りがあり、その指摘をしようとしたところである。
> 　AがB主事の席に行くと、出張から戻ったC主事がやってきた。
> 「ちょうどA係長と副担当のB主事がいるので報告します。先ほ
> ど、たまたまS団体のT会長とお会いしました。今年も秋には団体
> への助成金を申請するので、よろしくとのことでした。助成事業
> は、今年度、内容拡充を検討予定なので、私からは『今回の助成
> もきっと活動の役に立つと思います。引き続き、積極的な活動をお
> 願いします』と伝えました。事業の見直しについては、B主事と
> 資料を取りまとめ、5月連休明けにはA係長も交えて打合せをす
> る予定です」とのことであった。
> 　Aは、引継ぎの際、今年度助成事業については、関係法令の改正
> に伴う要綱の条文整理などを7月中に行うと聞いていたので、C
> 主事の話には驚いた。事業を見直して拡充するとなれば、変更は
> C主事とB主事の業務にとどまらず、係の他業務にも影響し、
> 関係団体との意見交換なども必要になってくる。
> 　このような場合、事例における問題点を挙げ、それに対するA係
> 長の対応策について、あなたの考えを述べなさい。
>
> （1,200〜2,000字程度）

1　設問の職場が抱える問題点

　設問の職場における問題点について、次の三つを挙げる。

　第一に、助成事業の見直しについて、A係長が十分に認識せず、検
①
討が行われてこなかったことである。A係長は新しく配属された職場に
おいて、自ら課題設定を行い、計画的に事業を遂行していく必要がある。
引継事項の情報だけに頼って十分な検討が行われないと、事業の漏れや
欠陥などが生じる原因となり、行政サービスの停滞が生じてしまう。

　第二に、B主事が文書作成において誤りがあることである。行政文書
①　　　　　　　　　②
の作成や管理は適切かつ効率的な市行政の運営にとって重要である。ま
た、将来にわたって市民に対する説明責任を果たすうえでも文書は正確
に作成しなければならない。そのため、行政文書に誤りがあると、効率
的な事業遂行の妨げとなり、行政サービスの低下を招いてしまう。

　第三に、C主事が利害関係者に対して、事前に助成事業の情報を伝え
①

ていることである。助成事業はその情報について、広く公正に発信していくことが必要である。事前に、特定の利害関係者に事業の情報を伝えることは公平性を欠くだけでなく、<u>利益共有などの汚職にもつながり</u>、③行政サービスの信頼を大きく損失してしまう。

2　問題解決のための対応策

問題を解決するため、A係長が取り組む対応策は次のとおりである。

第一に、計画的かつ確実な業務の遂行である。まず、<u>新しく配属された職場においては、自ら積極的に情報収集を行い</u>、現状把握や課題設定④について上司や係など組織で事業の方向性を共有する。続いて、助成事業のスケジュールや実施時期などについて、関係部署と調整しながら事業のロードマップを作成する。その後、事業内容の検討事項について、各職員の進捗状況や方向性について確認しながら、組織全体で事業を確実に推進していく。

第二に、<u>正確な事務処理を遂行する</u>ことである。まず、職員が高い意⑤識の下、<u>適正な文書作成を行うため</u>、文書作成に係る研修を実施する。⑥研修を通じて、文書作成は行政の意思決定において重要な作業であるという意識改革を促すとともに、日常業務で活用できるテキストを用いて文書作成の知識や技術の習得を図る。続いて、職員が作成した文書については<u>複数の職員によるOJTによる確認を行い</u>、文書管理者による確⑦認作業を行う体制をルール化し、文書の正確性を確保していく。

第三に、<u>コンプライアンス推進の取組の強化</u>である。まず、汚職非行⑧防止の研修を定期的に実施するとともに、コンプライアンスの意識強化を図る月間を設定する。その際、コンプライアンス推進のチェックリストや汚職非行の事例の教材を提供して、意識の醸成を図っていく。続いて、日頃から職員と円滑かつ良好なコミュニケーションを図ることである。業務の状況や利害関係者との接触のしかたなど、事前に情報や対応のしかたを共有しておくことでトラブルを未然に防ぐ体制を整えていく。

3　よりよい市政の実現に向けて

以上の対応策を通じて、A係長は職場の問題を解決し、業務を確実に遂行することが可能となる。それにより<u>質の高い行政サービスを効果的に提供することができ</u>、よりよい市政の実現に貢献していく。　（1,350字）⑨

B-12　職場で起きた問題の解決（事例式）

1　答案例の評価

> **理解力**（題意を的確に受け止めて、適切に課題を設定しているか）

基本的な問題点は概ね指摘しているが、挙げられなかった論点があり、その点は残念である。さらに事例を読み込めば抽出できると考えるので、注意してほしい。　　　　　　　　　　　　　（★★★★☆）

> **提案力**（的確な自らの解決策を具体的に述べているか）

自らが設定した課題には十分答えている。なお、挙げられなかった問題点に関する対応策は抜けてしまっている。　　　　　（★★★★☆）

> **主体性**（自らの問題意識に基づいた積極的な姿勢が表れているか）

問題を解決しようとする意欲は十分に表現されている。

（★★★★☆）

> **論理・表現力**（論理的に、分かりやすく述べられているか）

論理構成、文章の流れ、文章力のいずれも優れている。（★★★★★）

> **その他、特に気づいたこと**

積極的な姿勢のもとに、分かりやすく、よく書けている論文である。なお、事例式論文における論点の抽出の仕方や対応策の書き方などについて、【巻末1】を参照されたい。

2　修文のポイント

① <u>第一に、第二に、第三に</u>　この三つの論点は概ね事例の問題点を拾っているが、更に取り込みたい論点がある。第二では「仕事の誤りはB主事だけでなく職場全体でみられていること」、第三では「T会長には正しい状況を早急に伝えなければならないこと」などである。

② <u>文書作成において誤りがある</u>　事例からは、B主事の誤りは文書事務に限らないように読み取れる。したがって、ここでの問題点及び対応策はより広く、「仕事に誤りがある」との内容で記述したい。

③ <u>利益共有などの汚職にもつながり</u>　第三として、今回のC主事の住民対応は汚職につながるとの趣旨で書かれている。その点は誤りがなく、コンプライアンスに関する対応策もよいが、事例を読む限りでは、C主事は、「助成事業は、今年度、内容拡充を検討予定」とのことは話していないと受け取れる。そこで、ブラッシュアップ論文では、「汚職」に至る前の段階を論点として記述した。なお、「利益共有」は「便宜供与」のことであろうか。

④ <u>新しく配属された職場においては、自ら積極的に情報収集を行い</u>この書きぶりは、「新しく配属された時点においてすべきだったこと」が書かれているように受け取れる。対応策の「第一」は、表現などを変えて、「現時点に立って、今後取るべき対応」を述べるようにしたい。ブラッシュアップ論文及び【巻末1】を参照されたい。

⑤ <u>正確な事務処理を遂行すること</u>　「正確な事務処理を遂行するよう指導する」などが適当である。なお、第二では、①で指摘したように、B主事にとどまらず、職場においてミスをなくす方法についても論点として取り上げ、記していきたい。

⑥ <u>適正な文書作成を行うため</u>　以下、文書作成についてのみの対応になってしまった。より広く、仕事でのミスをなくすことについて記していきたい。

⑦ <u>複数の職員によるOJTによる確認</u>　「複数の職員による確認」と「OJT」は別のこととして述べたい。

⑧ <u>コンプライアンス推進の取組の強化</u>　「コンプライアンス推進」の取組は必要かつ適切な対応と言えるが、ブラッシュアップ論文では、「そこに至る前の問題」として、「外部へ情報提供をするに当たって留意しなければならないこと」との視点で述べたので、参照してほしい。

⑨ <u>質の高い行政サービスを効果的に提供することができ</u>　最後のところは、できればより事例に即して、全体のまとめとなること（例えば、A係長が今後特に心掛けるべきことなど）を記したい。

B-12 職場で起きた問題の解決（事例式）

1　事例における問題点

　事例における問題点は、次の四つである。

　第一は、A係長は前任者からの引継内容のみに頼り、自ら問題点を把握する姿勢が不足したため、係の重要課題に気づかず、課題が放置されていることである。新しく配属された職場において、係の課題などを積極的に把握し、解決を図る姿勢が必要である。

　第二は、助成事業の見直しについてA係長が十分に認識せず、いまだに検討がされていないことである。また、事業見直しはC主事とB主事の業務にとどまらず係全体の業務に影響するが、係としての対応がない。打合せの日程も共有されていないなど、事業の進行管理ができていないことも問題である。このまま放置すれば、期日までに必要な事業の見直しができなくなる。

　第三は、業務に関係のある住民であるT会長に対して、C主事が今年度もS団体に助成金が交付できるかのような発言をしたことである。積極的な活動を引き続きお願いしたいとの趣旨だったかもしれないが、住民への情報提供として適切でなかった。放置すればT会長から他の住民へ広がり、大きな混乱を招く恐れもあるので、早急な対応が必要である。

　第四は、B主事の仕事に誤りがあり、今回は重要な文書である契約文書で誤りがあったことである。今後も繰り返されれば、正確で効率的な行政運営に支障が生じる。仕事の誤りはB主事だけでなく、職場全体でみられる。B主事の指導とともに、係において仕事の誤りが生じないような仕組みづくりが必要である。

2　A係長の対応策

　これらの問題を解決するため、A係長は、次のような対応策に取り組む必要がある。

　第一は、仕事に対する基本的な姿勢として、自ら問題点を把握する姿勢を持ち、係の課題を適切に解決していくことである。職員からの報告や相談を待つ姿勢でなく、積極的に報告を求め、自らも職員に問いかける。また、上司はもとより、他の係・課とも適切に連絡をとり、必要な情報を得ていくことにより、係が置かれている状況を把握し、対応すべ

き課題は漏らさず、迅速につかむように心掛ける。

　第二は、助成事業の見直し作業を早急に開始することである。まず、事業見直しについて既に決まっている事項や職員の進捗状況などを確認したうえで、関係部署と調整しながら、事業の見直しスケジュールを作成する。スケジュールは、秋の助成金申請時期と要綱の条文整理が必要とされている7月という時期を念頭に、関係団体との意見交換に必要な期間を確保しながら、見直し作業が確実に達成できるよう、できるだけ前倒しの日程を設定する。そのうえで、職員の役割を明確にし、定例の係会議や特別の会議設定などにより、事業の進行管理の仕組みをつくる。その際、C主事、B主事以外の職員については、検討状況などの情報を適切に提供しながら、事業見直しの影響を見極めたうえで、検討体制に入ってもらう。係には事業見直し以外の業務もあるので、係内コミュニケーションをしっかり確保することに留意し、係長は意識的にその中心となるよう心掛ける。

　第三は、早急にT会長に正しい状況を伝えることである。A係長が自ら連絡を取り、できるだけ早くお会いしたい旨を話し、できれば出向いていって、正しい状況を伝える。C主事からの話で迷惑をかけたことを率直にお詫びし、今後そのようなことがないように係内で徹底すること、及び、今後とも積極的な市民活動をお願いしたい旨を伝える。係においては、不確かなことを外部に伝えない、必要な情報を外部に伝える際は適切なルートで公平に伝えるなど、C主事を指導するとともに、係会議などにおいてこの趣旨を全員で徹底する。

　第四は、B主事を適切に指導するとともに、係において誤りのない事務処理が行えるような体制づくりを行う。B主事に対しては、これまでも度々ミスがあるので、その原因をともに考え、改善策を実行してもらう。当面、B主事はその状況をA係長に報告するよう二人で取り決め、A係長からの継続的な指導と将来に向けての育成を図る。B主事への指導は、今回のミスから間を置かずに実施する。また、係内でのミスを防ぐため、まずは、正確な事務処理の徹底について職員全員が注意するように促す。そのうえで、文書作成や契約事務など行政運営のうえで重要

な業務については、係内勉強会や先輩から後輩へのＯＪＴを実施する。誤りがあってはならない事務については、ダブルチェックのルールをつくるなど、誤りが生じないための体制を整備していく。

3　よりよい職場運営に向けて

　以上の対応策を通して大切なのは、Ａ係長の積極的な姿勢と係を統率するリーダーシップである。私は、本事例からの教訓を活かし、日々、緊張感を持って仕事に当たり、的確で効率的な係運営を図り、職員全員が力を合わせて問題を解決していくような、明るく手ごたえのある職場をつくっていく。

（2,000字）

【巻末１】　事例式問題の解き方

　事例式問題は、「事例に下線」などを付しながら、「問題点」を拾い出し、それぞれについて「対応」を考えていくと分かりやすい。論文作成に当たっては、これら問題点をいくつかの論点にまとめて柱立てしたうえ、柱ごとに対応の考え方や中身を事例に即して具体的に述べていく。

　右の表は、Ｂ－12の事例について整理したものである。これらは、「基本姿勢」「業務推進」「住民対応」「指導・育成」の四つの論点にまとめることができる。ブラッシュアップ論文は、これにより作成した。

　また、注意したいのは、設問をよく読み、問われていることを確認することである。例えば、設問が「事例の経過の中で改善すべき点を述べよ」であれば、問題が起こった過去の時点に遡って「その時、どうすべきだった」との視点から述べる。一方、「この事例の事態にどう対応するか」であれば、現時点に立って「今後、取るべき対応」を述べる。

　事例式の設問は、一般的には、本問のように「問題点に対する対応策について述べよ」などとするものが多い。この場合は、前者でなく、後者の視点から述べる。現実の職場で求められるのは、「現下の問題に対する現時点以降における対応力」だからである。実際の試験答案には前者について述べてしまうものが少なくないので、是非、留意してほしい。

ブラッシュアップ論文

「Ｂ─12　■職場で起きた問題の解決」事例分析

該当行	事例での記述	問題点	今後、Ａ係長がとるべき対応	（参考）その時、どうすべきであったか
2 16	前任者から、「職員から報告や相談があったらよく聴いて指導してほしい」、「今年度助成事業については、関係法令の改正に伴う要綱の条文整理などを7月中に行う」との話があった。	前任者からの引継内容のみに頼り、自ら問題点を把握する姿勢が不足したため、係の重要課題に気づかず、放置されている。【基本姿勢】	自ら問題点を把握する姿勢を持ち、係の課題を積極的に把握し、解決を図る。【基本姿勢】	自ら問題点を把握する姿勢を持ち、係の課題を積極的に把握し、解決を図るべきであった。
5	「このところ、係で作成する資料等に誤りがみられる」。	特定の職員だけでなく、職場全体で仕事の誤りが生じている。【指導・育成】	正確な事務処理が徹底されるよう職員を指導するとともに、組織としてチェック体制などを整備する。【指導・育成】	誤りのたびに職員を指導し、再発を防止すべきであった。組織としてチェック体制などを整備すべきであった。
6	「Ｂ主事は度々ミスがあるが、今日は契約文書で誤り」があった。	Ｂ主事は仕事で誤りがある。今回は重要な文書である契約文書で誤りがあった。【指導・育成】	間を置かず、Ｂ主事を適切に指導し、育成を図る。【指導・育成】	当初から、Ｂ主事を適切に指導すべきであった。
11 15	Ｃ主事から、「助成事業は、今年度、内容拡充を検討予定」、「5月の連休明けには、Ａ係長も交えて打合せをする予定」との話があった。	助成事業の見直しについてＡ係長が十分に認識せず、検討されていない。また、事業の進行管理ができていない。【業務推進】	助成事業の見直しについて早急に確認したうえで、業務を計画的に進め、進行管理を徹底する。また、係内コミュニケーションを円滑化する。【業務推進】	当初から、業務を計画的に進めて進行管理を徹底するとともに、職員と係長のコミュニケーションを充実すべきであった。
12	Ｃ主事は、Ｔ会長に、「今回の助成もきっと活動の役に立つと思います。引き続き、積極的な活動をお願いします」と伝えた。	Ｃ主事は、業務に関係のある一部の住民に対して、業務に関する不正確かつ誤解を与える発言をした。【住民対応】【指導・育成】	Ｔ会長に正しい状況を早急に伝える。【住民対応】不確かなことを外部に伝えない、伝える際は適切なルートで公平に伝えるなど、Ｃ主事、係内で徹底する。【指導・育成】	Ｃ主事は、Ｔ会長に対して、事例のような発言をすべきでなかった。
19	事業見直しは「Ｃ主事とＢ主事の業務にとどまらず、係の他の業務にも影響し、関係団体との意見交換も必要になってくる」。	事業見直しは、Ｃ主事とＢ主事の業務にとどまらず係全体に影響するが、係としての対応がなされていない。【業務推進】	助成事業の大きな変更がありうることを踏まえ、係全体で対応する体制を構築する。【業務推進】	Ｃ主事は、問題の大きさを認識し、早期にＡ係長に伝えるべきであった。

【巻末2】 論文作成のための重要論点・事項集

　ここでは、論文を書くに当たっての重要な論点や事項を本書から取り出した。論じたいテーマに関する事項をひもといて参考にするとともに、自身の職務や職場、自治体の状況などを踏まえて考察を加え、テーマに関する考えを充実させていってほしい。（各項の末尾数字は参照ページ）

編著者紹介

小笠原広樹（おがさわらひろき）

東京大学工学部都市工学科卒。東京都、（公財）東京都歴史文化財団などを経て、

（一財）東京都人材支援事業団人材育成センター客員教授などを歴任。

合格する昇任論文実践講座　第6次改訂版　　　　　Ⓒ　2024年

2011年（平成23年）	9月29日	初版第1刷発行
2012年（平成24年）	11月27日	第1次改訂版第1刷発行
2014年（平成26年）	4月30日	第2次改訂版第1刷発行
2016年（平成28年）	1月30日	第3次改訂版第1刷発行
2018年（平成30年）	8月15日	第4次改訂版第1刷発行
2020年（令和2年）	5月18日	第5次改訂版第1刷発行
2021年（令和3年）	11月12日	第5次改訂版第2刷発行
2024年（令和6年）	4月29日	第6次改訂版第1刷発行

定価はカバーに表示してあります

編著者　小　笠　原　広　樹

発行者　大　田　昭　一

発行所　公　　職　　研

〒101-0051
東京都千代田区神田神保町2丁目20番地
　　　TEL　03-3230-3701（代表）
　　　　　　03-3230-3703（編集）
　　　FAX　03-3230-1170
　　　振替東京　6-154568

ISBN978-4-87526-448-4 C3031　https://www.koshokuken.co.jp

落丁・乱丁は取り替え致します。　PRINTED IN JAPAN　　　　印刷　日本ハイコム㈱
　　　　　　　　　　　　　　　　　　　　　　　　　ISO14001取得工場で印刷しました